초능력 국어 독해를 사면
초능력⁺쌤이 우리집으로 온다!

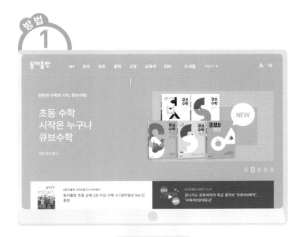

초능력⁺쌤과 키우자, 공부힘!

국어 독해 P~6단계(전 7권)

- 하루 4쪽, 6주 완성
- 국어 독해 능력과 어휘 능력을 한 번에 향상
- 문학, 사회, 과학, 예술, 인물, 스포츠 지문 독해

비주얼씽킹 한국사 1~3권(전 3권)

- 한국사 개념부터 흐름까지 비주얼씽킹으로 완성
- 참쌤의 한국사 비주얼씽킹 동영상 강의
- 사건과 인물로 탐구하는 역사 논술

맞춤법＋받아쓰기 1~2학년 1, 2학기(전 4권)

- 쉽고 빠르게 배우는 맞춤법 학습
- 매일 낱말과 문장 바르게 쓰기 연습
- 학년, 학기별 국어 교과서 어휘 학습

비주얼씽킹 과학 1~3권(전 3권)

- 교과서 핵심 개념을 비주얼씽킹으로 완성
- 참쌤의 과학 개념 비주얼씽킹 동영상 강의
- 사고력을 키우는 과학 탐구 퀴즈 / 토론

수학 연산 1~6학년 1, 2학기(전 12권)

- 정확한 연산 쓰기 학습
- 학년, 학기별 중요 단원 연산 강화 학습
- 문제해결력 향상을 위한 연산 적용 학습

★ 연산 특화 교재

- 구구단(1~2학년), 시계·달력(1~2학년), 분수(4~5학년)

급수 한자 8급, 7급, 6급(전 3권)

- 하루 2쪽으로 쉽게 익히는 한자 학습
- 급수별 한 권으로 한자능력검정시험 완벽 대비
- 한자와 연계된 초등 교과서 어휘력 향상

초능력

국어 독해

1 단계/학년

1 독해력이 무엇인가요?

독해는 '讀 읽을 독, 解 풀 해', 즉 글을 읽어서 그 뜻을 이해한다는 뜻의 말이에요. 따라서 독해력은 글을 읽는 능력을 뜻하지요. 독해력은 모든 공부의 기본입니다. 바르게 독해만 할 수 있다면 국어를 비롯해 수학, 사회, 과학과 같은 과목 공부도 그 내용을 정확하게 이해하고 문제를 해결할 수 있기 때문입니다.

2 독서를 많이 하면 독해력이 길러지나요?

꼭 그렇지만은 않습니다. 물론 독서는 독해력의 기본 바탕이지만, 무조건 책을 많이 읽는다고 독해력이 향상되는 것은 아닙니다. 평소 글의 중요 내용을 파악하고, 스스로 정리해 보는 습관을 가지는 것이 더 중요합니다. 또, 설명문, 논설문, 시, 동화 등 다양한 종류의 글을 매일 접하며 글의 앞뒤 맥락을 파악하고 감상하는 것이 필요합니다.

3 독해력을 기르려면 어떻게 해야 하나요?

첫째, 글의 종류에 맞는 독해 방법을 잘 알아야 합니다. 설명문, 논설문과 같은 글은 객관적인 정보나 글쓴이의 생각을 찾아보는 것이 중요합니다. 또, 시, 동화와 같은 글은 표현 방법이나 글쓴이의 마음을 이해하는 것이 중요합니다. 둘째, 처음 보는 낯선 내용의 글, 쉬운 글부터 어려운 글, 짧은 글부터 긴 글까지 꾸준히 독해 연습을 해야 합니다.

4 독해력을 기르면 어휘 능력, 글쓰기 능력도 키워지나요?

한 편의 글은 수많은 어휘가 의미 있게 모여 완성됩니다. 따라서 어휘의 뜻을 바르게 알고 있어야 독해를 제대로 할 수 있고, 글에 쓰인 다양한 어휘의 뜻을 알아 두면 자연스럽게 어휘 능력도 향상됩니다. 그리고 독해는 결국 하나의 핵심을 파악하는 것이 목적인 활동이므로, 글을 읽고 핵심 문장을 쓰는 글쓰기 능력도 함께 키울 수 있습니다.

그래서 초능력 국어 독해가 만들어졌습니다!

➡ "초능력 국어 독해"는 예비 초등 ~ 초등 6학년의 독해 수준에 맞게 단계별로 구성하여 권장 학년에 따라 학습할 수 있습니다. 독해력이 다소 부족한 경우에는 낮은 단계를 선택해 독해력을 다지기도 좋습니다. 또, 교과 연계 글을 수록하여 자연스럽게 바슬즐, 국어, 사회, 과학, 역사, 예체능 교과의 지식을 습득하고, 글을 읽는 능력까지 기르도록 하였습니다.

➡ "초능력 국어 독해"로 하루에 2개 지문을 독해, 6주 완성! 평소 긴 글을 읽기 싫어하는 친구도 60개의 폭넓은 소재로 쓰인 글을 30일이면 부담 없이 쉽고 재미있게 학습할 수 있습니다. 또, 글의 주제·구조·표현 방법·배경·인물 파악 등 다양한 유형의 독해 문제를 풀면서 중요 내용을 빠르고 정확하게 이해할 수 있습니다.

➡ "초능력 국어 독해"로 설명문, 논설문, 안내문, 광고문, 시, 창작 동화, 전래 동화, 세계 명작 동화, 희곡, 수필 등 여러 갈래의 글을 접할 수 있습니다. 또, 사회, 과학, 문학, 인물, 예술, 스포츠 영역의 여섯 가지 주제별 글을 독해하며 배경지식까지 풍부하게 쌓을 수 있습니다.

➡ "초능력 국어 독해"로 독해를 하기 위해 꼭 필요한 어휘와 자세히 알아 두면 좋은 어휘를 간단하고 재미있는 퀴즈로 풀며 어휘 실력을 쌓을 수 있습니다. 그리고 자신이 읽은 글의 핵심 내용을 마지막으로 정리해 보는 훈련을 반복적으로 하며 논리적인 글쓰기 능력까지 기를 수 있습니다.

글의 종류를 먼저 파악하고 그에 맞게
차분히 글을 읽으며 내용을 이해하세요.

하루 2개 지문 독해 도전

2

지문 분석 강의
QR 코드를 찍어 매일 새로운
지문의 분석 방법을 배우며
독해 연습을 꾸준히 하세요.

1 일

가족의 역할이 변했어요

사회
우리는 가족

옛날이나 오늘날이나 사람들은 결혼을 하여 가족을 이
그리고 가족 내에서 각자 맡은 역할을 하며 서로 돕고 살
옛날과 오늘날에는 가족의 역할이 달랐어요.
옛날에는 남녀가 하는 집안일이 대체로 정해져 있
가 결혼한 자녀들과 함께 사는 경우가 많았
낳아서 대가족을 이루며 살았어요. 그
가족의 중요한 일을 결정했어요. 그
군말 없이 따라야 했지요. 할머니는
보고, 아버지는 농사를 짓거나 장
는 빨래, 밥하기, 바느질 등의 일을
오늘날에는 집안일에서 남녀의 구
에는 부부와 자녀만 사는 집이 많고, 자녀 수도
고 집안일을 가족이 함께 하는 경우가
또 개인의 의견을 소중하게 생

어휘 퀴즈 다음 뜻을 지닌 낱말을 찾아 ✔표 히

1 식구 수가 많은 가족.
  ☐ 핵가족   ☐ 소가족

2 하지 않아도 좋을 쓸데없는 군더더기 말
  ☐ 참말   ☐ 군말

3

독해 미리보기

재미있는 그림을 보며 앞으로 읽게
될 글의 내용을 예상해 보세요.

지문 속 어휘 퀴즈

알쏭달쏭 어휘 퀴즈를 풀며 중요하고
헷갈리기 쉬운 어휘의 뜻을 확인하세요.

다양하고 흥미로운 어휘 문제로
학습한 내용의 관련 어휘 실력까지 쌓으세요.

어휘로 한 주 마무리

5

1 주 독해 속 어휘 마무리!

1 다음 문장을 읽고, ( )에 공통으로 들어갈 낱말

(1) ① 급식을 받을 때에는 ( )를 지켜야 한다.
　　(뜻) 순서 있게 구분하여 벌여 나가는 관계

　　② 추석날 아침에는 조상들께 ( )를 지낸다.
　　(뜻) 명절날, 조상 생일 등의 낮에 지내는 제사

(2) ① 나는 배가 고파 밥 한 ( )를 뚝딱 먹어 치
　　(뜻) 위가 넓게 벌어지고 앝이 좁은 작은 그릇

　　② 자동차 때문에 ( ) 오염이 심각하다.
　　(뜻) 지구를 둘러싸고 있으며 사람이 숨을 쉴 때 들이마시고 내

(3) ① 우리 집은 ( )와 돼지를 키운
　　(뜻) 풀을 먹는 갈색의 큰 집짐승

　　② 콩, 밤, 깨 등의 (

30초 요약

4 다음 빈칸에 알맞은 말을 넣어 "가
장으로 요약하세요.

☐☐ 에는 남녀가 하는

만, 오늘날에는 집안일에서

1 일 사회

🚗 ❶ 고유
　　❷ 장신구
　❸ 소
　　❹ 강강술래

1 ③, ⑤
2 ⑤
3 ②, ④
4 한복 / 남녀 / 계절
5 중추절, 한가위
6 (1) ○ (2) × (3)
7 서준, 견우
8 차례 / 성묘 / 송편

자윤이 **꿀팁팁**
"우리의 옷, 한복"
　종류를 설명하는 글
　우리 민족

1 한복은 세탁이
편하다는 단점이
독해비법 장점과 단점이

한복은 아름다울 뿐어
아요. 또 몸에를 잘 드러내지
잘 어울려요. 하지만 세탁하기가
불편해서 평소에는 잘 입지 않아서

2 ⑤가 여자가 입는, 우리 고유

🔺 중국 고유의
　　옷인 '치파오'

　　◀ 일본의
　　　　옷인

3 옛날 여자

4

핵심 내용 파악부터 요약까지

글을 제대로 읽었는지 독해 문제로 확인하고,
글의 핵심 내용을 담은 요약 글을 완성하세요.

6

친절한 정답 풀이

'독해 비법'과 '오답을 조심해'로
문제 풀이를 완벽하게 하세요.

"초능력 국어 독해"의 차례

1주

1일
사회

너도 나도
우리 고유의
옷인 한복을
입고!

사회
우리 전통 문화

과학
우리 가까이의
식물

영역

문학
세계 명작

예술
음악을 만드는
악기

문학
시

지문 분석 강의

우리의 옷, 한복

설, 추석이 되면 꼭 입는 옷이 있어요. 바로 우리 고유의 옷인 한복이에요.

한복은 아름다울 뿐만 아니라 몸에 달라붙지 않아 건강에 좋아요. 또 몸매를 잘 드러내지 않아 뚱뚱하거나 마른 사람 모두 잘 어울려요. 하지만 세탁하거나 보관하기 어렵고, 활동하기가 불편해서 평소에는 잘 입지 않아요. 그래서 요즘에는 한복의 아름다움과 좋은 점은 살리면서 한복의 불편한 점을 바꾸어 지퍼나 단추를 달고, 주머니를 만든 생활한복도 많이 입어요.

한복은 남녀에 따라 다르게 입어요. 여자는 치마와 저고리를 입고, 남자는 바지와 저고리, 조끼를 입지요. 여자는 배씨나 댕기 같은 장신구를 하기도 해요.

그리고 계절에 따라 다르게 입기도 했어요. 옛날 더운 여름에는 삼베와 모시로, 추운 겨울에는 비단과 무명으로 한복을 만들어 입었어요. 그래서 여름은 시원하게, 겨울은 따뜻하게 보낼 수 있었답니다.

복건
저고리
바지

배씨
저고리
댕기
치마

어휘 퀴즈 다음 뜻을 지닌 낱말을 찾아 ✔표 하세요.

1 오래된 단체나 물건이 오래 전부터 가지고 있는 것.
　□이유　　　□우유　　　□고유

2 옷차림을 보기 좋게 꾸미는 데 쓰는 물건.
　□한복　　　□저고리　　　□장신구

어휘 뜻

● **보관**(保 지킬 보, 管 대롱 관)**하기** 물건을 맡아서 간직하고 관리하기.

● **불편**(不 아닐 불, 便 편할 편)**해서** 어떤 것을 사용하거나 이용하는 것이 거북하거나 괴로워서.

● **평소** 특별한 일이 없는 보통 때.

● **모시** 모시풀 껍질의 섬유로 짠 옷감.

● **무명** 솜에서 뽑은 실로 만든 천.

1 이 글에서 설명한 한복의 좋은 점을 두 가지 고르세요. (　　,　　)

① 보관하기가 쉽다.

② 쉽게 세탁할 수 있다.

③ 몸에 달라붙지 않아 건강에 좋다.

④ 옷감이 잘 늘어나 활동하기가 편하다.

⑤ 뚱뚱하거나 마른 사람 모두 잘 어울린다.

2 다음 중 여자가 입는, 우리 고유의 옷은 무엇인가요? (　　　　)

① 　　② 　　③

④ 　　⑤

3 옛날에는 겨울에 무엇으로 한복을 만들었는지 알맞은 것을 두 가지 고르세요.

(　　,　　)

① 모시　　　　② 무명　　　　③ 삼베

④ 비단　　　　⑤ 대나무 줄기

 30초 요약

4 다음 빈칸에 알맞은 말을 넣어 "우리의 옷, 한복"의 핵심 내용을 한 문장으로 요약하세요.

　은 우리 고유의 옷으로, 좋은 점이 많으며

나 □□ 에 따라 다르게 입습니다.

추석을 소개합니다

추석은 우리나라 최대 명절의 하나로, 중추절 또는 한가위라고도 합니다. 한가위에서 '가위'는 '가운데', '한'은 '크다'라는 뜻으로, 팔월 가운데에 있는 큰 명절이라는 말입니다.

추석이 되면 곳곳에 흩어져 살던 친척들이 한자리에 모입니다. 그리고 곡식과 과일이 잘 익은 것에 감사하는 마음으로 햇곡식과 햇과일로 음식을 만들어 차례를 지내고, 조상의 산소에 성묘를 갑니다.

추석에 먹는 대표적인 음식은 송편입니다. 송편은 반달이나 보름달 모양으로 빚습니다. 송편은 쌀가루를 반죽한 후 속에 팥, 콩, 밤, 깨 등의 소를 넣어 만들어 정말 맛있습니다.

추석에는 줄다리기, 활쏘기, 강강술래, 씨름 등 다양한 놀이도 즐깁니다. 추석날 밤에는 일 년 중 가장 크고 밝은 보름달이 뜨는데, 우리 조상들은 보름달을 보며 소원을 빌기도 했습니다.

어휘 뜻

- **명절** 해마다 일정하게 지키어 즐기거나 기념하는 때.

- **흩어져** 한데 모였던 것이 따로따로 떨어지거나 사방으로 퍼져.

- **햇곡식** 그해에 새로 난 곡식.

- **햇과일** 그해에 새로 난 과일.

- **차례** 명절날 아침에 지내는 제사.

- **성묘(省** 살필 성, **墓** 무덤 묘) 조상의 산소를 찾아가서 돌봄. 또는 그런 일.

- **반죽** 가루에 물을 부어 이겨 갬. 또는 그렇게 한 것.

어휘 퀴즈 다음 뜻을 지닌 낱말을 찾아 ✔표 하세요.

❶ 송편을 만들 때, 맛을 내기 위해 익히기 전에 속에 넣는 여러 가지 재료.
　　☐햇곡식　　　　☐소　　　　☐쌀가루

❷ 여럿이 손을 잡고 둥글게 줄을 지어 돌며 노래에 맞추어 추는 춤.
　　☐활쏘기　　　　☐줄다리기　　　　☐강강술래

5 추석을 부르는 또 다른 말을 두 가지 찾아 쓰세요.

(   ), (   )

6 다음 중 추석과 관련 있는 사진에는 ○표, 관련 없는 사진에는 ×표 하세요.

▲ 송편 먹기   ▲ 썰매 타기   ▲ 씨름하기

(1) (   )   (2) (   )   (3) (   )

7 이 글을 읽고, 추석 때의 경험을 알맞게 떠올려 말한 친구를 두 명 찾아 이름을 쓰세요.

올해 새로 난 사과와 배를 맛있게 먹었어.

밤에 크고 예쁜 반달이 떠 있는 걸 봤어.

차례를 지내고 부모님, 친척들과 성묘를 갔어.

서준   다윤   건우

(   ), (   )

30초 요약

8 다음 빈칸에 알맞은 말을 넣어 "추석을 소개합니다"의 핵심 내용을 한 문장으로 요약하세요.

추석에는 ☐☐ 를 지낸 뒤 조상의 산소에 ☐☐ 를 가고, 대표적인 음식인 ☐☐ 을 만들어 먹고 다양한 놀이도 즐깁니다.

지문 분석 강의

감자와 고구마

감자와 고구마는 우리가 흔히 먹는 채소입니다. 감자와 고구마 모두 땅속에서 자란다는 점은 같지만 다른 점도 많습니다.

첫째, 감자는 줄기가 변한 것이고, 고구마는 뿌리가 변한 것입니다. 감자는 땅속에 있는 줄기 마디에서 가는 줄기가 나오고, 그 끝이 점점 커지면서 감자가 됩니다. 반면에 고구마는 땅속에 있는 뿌리에 영양이 되는 양분을 저장하면 뿌리가 점점 커져서 고구마가 됩니다.

▲ 감자

▲ 고구마

둘째, 감자와 고구마는 심는 방법도 다릅니다. 감자는 씨앗 대신 씨감자를 잘라 심지만 고구마는 고구마에 싹을 틔운 뒤 심어야 합니다.

셋째, 감자와 고구마는 성분도 다릅니다. 감자에는 녹말이 많이 들어 있지만 고구마에는 섬유질이 많이 들어 있습니다. 고구마를 먹으면 목이 메는 것도 이 때문입니다.

어휘 뜻

- **흔히** 보통보다 더 자주.
- **줄기** 식물을 지지하며, 물과 양분을 운반함.
- **뿌리** 땅속에 묻혀 있는 식물의 부분.

잎
열매
꽃
줄기
뿌리

- **틔운** 싹을 트게 한.
- **성분(成** 이룰 성, **分** 나눌 분) 덩어리를 이루고 있는 부분.
- **녹말** 식물의 뿌리, 줄기, 씨앗 따위에 저장되는 탄수화물.
- **섬유질** 섬유(동식물의 세포가 모여 질긴 조직을 이룬 것.)로 이루어진 물질.

어휘 퀴즈 다음 뜻을 지닌 낱말을 찾아 ✔표 하세요.

❶ 영양이 되는 성분.

☐ 화분　　　☐ 양분　　　☐ 부분

❷ 씨앗으로 쓸 감자.

☐ 씨 꽃　　　☐ 감자떡　　　☐ 씨감자

1 이 글을 쓴 까닭은 무엇일까요? (　　　)

① 감자와 고구마를 먹은 경험을 말하려고
② 감자와 고구마를 많이 먹자고 말하려고
③ 감자와 고구마를 키우는 방법을 설명하려고
④ 감자와 고구마를 먹으면 좋은 점을 설명하려고
⑤ 감자와 고구마의 같은 점과 다른 점을 설명하려고

2 다음 중 에 대한 설명으로 알맞지 <u>않은</u> 것은 무엇인가요? (　　　)

① 땅속에서 자란다.　　　　② 뿌리가 변한 것이다.
③ 녹말이 많이 들어 있다.　　④ 고구마와 성분이 다르다.
⑤ 우리가 흔히 먹는 채소이다.

3 다음 중 를 심는 방법을 바르게 말한 것은 무엇인가요? (　　　)

① 삶은 고구마를 땅에 묻는다.
② 고구마의 씨앗을 밭에 뿌린다.
③ 고구마 잎을 잘라서 땅에 심는다.
④ 고구마에 싹을 틔운 뒤에 땅에 심는다.
⑤ 고구마를 여러 조각으로 잘라서 화분에 심는다.

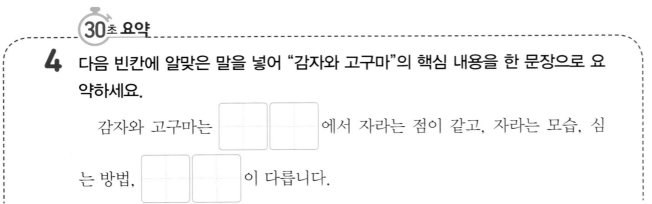

30초 요약

4 다음 빈칸에 알맞은 말을 넣어 "감자와 고구마"의 핵심 내용을 한 문장으로 요약하세요.

감자와 고구마는 □□에서 자라는 점이 같고, 자라는 모습, 심는 방법, □□이 다릅니다.

나는 누구일까?

안녕? 나는 꽃이야.

7~8월이 되면 줄이나 막대를 감고 올라가 나팔 모양의 꽃을 피운단다. 주로 아침 일찍 피었다가 낮이 되면 점점 오므라들지. 꽃의 색깔은 하얀색, 보라색, 분홍색 등 여러 가지이고, 잎은 심장 모양처럼 생겼어.

나는 담쟁이덩굴이나 등나무 같은 덩굴식물이라 혼자 자라지 못해. 그래서 나의 줄기가 15센티미터쯤 자랐을 때 줄기가 감고 올라갈 수 있도록 줄을 매달아 주거나 막대를 세워 줘야 해. 그럼 나의 줄기는 왼쪽으로 감아 가며 2~3미터까지 자란단다. 시곗바늘의 반대 방향으로 감긴다고 생각하면 돼.

그런데 내가 어떻게 미끄러지지 않고 잘 감아 올라가는지 궁금하지? 내 줄기에는 하얀 잔털이 아주 많단다. 그래서 줄이나 막대를 감아 올라갈 때 미끄러지지 않아.

내 씨앗은 약재로 쓰이기도 해. 씨를 잘 말려서 달여 먹으면 변비나 복통 등을 낫게 할 수도 있어.

이제 내가 누구인지 알겠니? 나는 '나팔꽃'이야.

어휘 뜻

- **심장** 피를 핏줄 속으로 밀어내어 돌게 하는 작용을 하는 신체 기관. 염통.

- **덩굴식물** 줄기가 길쭉하여 곧게 서지 않고 다른 물건을 감거나 거기에 붙어서 자라는 식물.

- **잔털** 매우 가늘고 짧은 털.

- **달여** 약에 물을 부어 우러나도록 끓여.

- **복통** 배에 일어나는 통증을 통틀어 이르는 말.

어휘 퀴즈 다음 뜻을 지닌 낱말을 찾아 ✔표 하세요.

❶ 시간, 분, 초 따위를 가리키는 시계의 바늘.
☐ 코바늘　　☐ 시곗바늘　　☐ 낚싯바늘

❷ 약을 짓는 데 쓰는 재료.
☐ 약사　　☐ 약국　　☐ 약재

5 이 글에서 설명한 내용이 <u>아닌</u> 것은 무엇인가요? (   )

① 나팔꽃의 색깔　　　　　　　　② 나팔꽃이 피는 때

③ 나팔꽃 잎의 모양　　　　　　　④ 나팔꽃 씨앗의 쓰임

⑤ 나팔꽃 씨앗을 심는 방법

1주 · 2일

6 나팔꽃을 많이 볼 수 있는 계절은 언제인가요? (   )

① 봄　　　　　　　② 여름　　　　　　　③ 가을

④ 겨울　　　　　　⑤ 사계절 내내

7 이 글의 내용으로 알맞으면 🍎에 ○표, 알맞지 <u>않으면</u> 🥤에 ○표 하세요.

(1) 나팔꽃 줄기는 오른쪽으로 감긴다.　　　　　　　　(🍎 , 🥤)

(2) 나팔꽃 줄기에는 가시가 많이 나 있다.　　　　　　(🍎 , 🥤)

(3) 나팔꽃은 낮에 피었다가 밤에 점점 오므라든다.　　(🍎 , 🥤)

(4) 나팔꽃, 담쟁이덩굴, 등나무는 모두 덩굴식물이다.　(🍎 , 🥤)

(5) 나팔꽃의 씨를 말려 달여 먹으면 복통을 낫게 할 수 있다.　(🍎 , 🥤)

🕐 **30초 요약**

8 다음 빈칸에 알맞은 말을 넣어 "나는 누구일까?"의 핵심 내용을 한 문장으로 요약하세요.

나팔꽃은 [　][　] 식물로, 줄이나 막대를 [　][　] 으로 감아

가며 자라고 [　][　] 은 약재로 쓰이기도 합니다.

3일 거북과 독수리

문학
/ 세계 명작

이솝

"독수리야, 하늘에서 세상을 보는 것이 내 소원이야. 네가 도와줄래?"

거북은 눈물까지 흘리며 간절하게 부탁했습니다.

"좋아. 대신 잘못되어도 내 탓은 하지 마."

독수리는 말이 끝나자마자, 거북을 날카로운 발톱으로 움켜쥐었습니다. 그리고 힘차게 하늘로 날아올랐습니다.

"야호! 신난다."

거북은 몸을 이리저리 마구 흔들며 환호성을 질렀습니다. 어찌나 거북이 몸을 흔들어 대던지 독수리는 몸의 균형을 잡을 수가 없었습니다.

"거북아, 가만히 있어. 네가 자꾸 움직이면 내가 날 수가 없어!"

그러나 거북은 독수리의 말을 들은 체도 하지 않고 마구 움직이며 소리쳤습니다. 거북은 신이 났습니다. 땅 위를 기어 다니는 동물 중에서 자기가 처음으로 날았다는 생각 때문이었습니다. 독수리는 점점 힘이 들었습니다. 발톱으로 거북을 움켜쥐고 있어 날기도 쉽지 않은데, 거북이 자꾸 움직이자 결국 힘이 빠져 거북을 놓쳐 버리고 말았습니다.

거북은 '으아악!' 비명을 지르며 땅으로 떨어지고 말았습니다.

작품의 전체 줄거리

거북이 헉헉거리며 길을 가다가 매일매일 하늘을 나는 새를 부러워하며 하늘을 날고 싶어 함.	거북이 독수리에게 하늘 나는 법을 가르쳐 달라고 하지만 독수리는 거북이 날개가 없어 날 수 없다고 함.	(수록지문) 거북이 하늘을 날게 해 달라고 부탁하자 독수리는 거북을 발톱으로 움켜쥐고 날아오름.	신이 난 거북이 몸을 이리저리 흔들어 대자 점점 힘이 든 독수리는 거북을 놓쳐 버렸고 거북은 땅으로 떨어짐.

어휘 뜻
- **간절하게** 마음속에서 우러나와 바라는 정도가 매우 강하게.
- **마구** 매우 세차게. 심하게.
- **균형** 어느 한쪽으로 기울거나 치우치지 아니하고 고른 상태.
- **비명(悲** 슬플 비, **鳴** 울 명**)** 몹시 놀라거나 아파서 지르는 소리.

어휘 퀴즈 다음 뜻을 지닌 낱말을 찾아 ✔표 하세요.

❶ 손가락을 우그리어 손안에 꽉 잡고 놓지 아니하다.
☐ 놓치다   ☐ 움켜쥐다   ☐ 지르다

❷ 기뻐서 크게 부르짖는 소리.
☐ 비명   ☐ 목소리   ☐ 환호성

1 이 글에서 거북의 소원은 무엇인가요? (　　　　)

　① 하늘을 나는 것　　　　　　② 동물의 왕이 되는 것
　③ 독수리와 친해지는 것　　　④ 다른 세상을 여행하는 것
　⑤ 독수리처럼 힘이 세지는 것

2 독수리가 몸의 균형을 잡지 못한 까닭은 무엇인가요? (　　　　)

　① 바람이 심하게 불어서
　② 한쪽 날개가 부러져서
　③ 사냥꾼의 화살에 맞아서
　④ 거북이 몸을 마구 흔들어 대서
　⑤ 다른 새들이 거북을 빼앗으려고 공격해서

3 거북과 독수리에 대한 설명으로 알맞은 것을 찾아 선으로 이으세요.

(1)  ·

· ㉮ 어리석다.

(2)  ·

· ㉯ 남을 잘 돕는다.

 요약

4 다음 빈칸에 알맞은 말을 넣어 "거북과 독수리"의 핵심 내용을 한 문장으로 요약하세요.

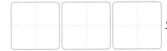　의 도움으로 하늘을 날던 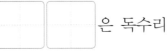　은 독수리

의 말을 듣지 않고 몸을 흔들어 대다 □으로 떨어지고 말았습니다.

꿀벌 마야의 모험

발데마르 본젤스

"시누크님! 사람도 저처럼 침을 가지고 있나요?"

꿀벌 마야는 동그란 두 눈을 굴리며 잠자리 시누크에게 물었습니다.

"사람은 침 같은 건 가지고 있지 않아. 그보다 더 무서운 무기를 가지고 있지. 우리는 키가 큰 어른보다 키가 작은 남자아이들이 더 무섭단다."

"남자아이들이 잠자리를 잡아먹나요?"

"아니, 먹지는 않지만 남자아이들은 우리를 붙잡아서 장난을 한단다. 날개를 떼어 내기도 하고, 다리를 떼어 내기도 하고……. 정말 끔찍하지."

"정말이에요? 이건 도저히 믿을 수 없어요!"

마야는 화가 치밀어 올랐습니다.

"마야! 내겐 더 슬픈 이야기가 있단다. 내겐 아주 똑똑하고 영리한 동생이 하나 있었어. 어느 날, 동생이 남자아이에게 붙잡혀 검은 끈으로 꽁꽁 묶였어. 아무리 도망치려고 발버둥을 쳐도 도저히 빠져나올 수가 없었지."

"그래서 어떻게 되었어요?"

마야는 마른침을 꼴딱꼴딱 삼켰습니다.

"끝내 동생은 죽고 말았단다. 아마 어느 누구도 견디지 못했을 거야."

시누크는 굵은 눈물방울을 뚝뚝 흘렸습니다.

작품의 전체 줄거리

호기심이 많은 마야는 꿀을 따기 위해 언니 벌과 함께 바깥세상으로 날아감.

수록지문 마야는 여행을 하며 만난 새 친구들에게 슬픔, 용기, 사랑, 지혜를 배움.

낯선 곳에서 많은 경험을 한 마야는 꿀벌의 적 땅벌에게 잡히지만 어렵게 탈출함.

마야는 여왕벌에게 땅벌의 공격을 알리고, 땅벌과의 싸움 끝에 마을을 지킴.

어휘 퀴즈 다음 뜻을 지닌 낱말을 찾아 ✔표 하세요.

❶ 힘주어 단단하게 죄어 묶거나 꾸리는 모양.

☐ 꽁꽁   ☐ 뚝뚝   ☐ 꼴딱꼴딱

❷ 주저앉거나 누워서 두 다리를 번갈아 내뻗었다 오므렸다 하는 일.

☐ 입버릇   ☐ 손버릇   ☐ 발버둥

5 이 글에 나오는 다음 등장인물의 이름을 찾아 쓰세요.

(1) 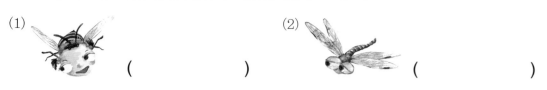 (   )   (2) (   )

6 남자아이들이 잠자리를 잡는 까닭은 무엇인가요? (   )

① 잠자리에게 먹이를 주려고

② 잠자리를 자세히 관찰하려고

③ 잠자리를 안전한 곳으로 옮겨 주려고

④ 잠자리에게 새로운 보금자리를 만들어 주려고

⑤ 잠자리의 날개와 다리를 떼어 내는 장난을 하려고

7 이 글을 읽고 느낀 점을 바르게 말한 동물을 모두 찾아 ○표 하세요.

똑똑하고 영리한 동생을 잃은 시누크는 무척 슬펐을 거야.

장난으로 작은 동물을 괴롭히는 것은 나쁜 짓이야.

시누크의 말을 듣고 마야는 남자아이들을 좋아하게 될 것 같아.

(1) (   )   (2) (   )   (3) (   )

 **요약**

8 다음 빈칸에 알맞은 말을 넣어 "꿀벌 마야의 모험"의 핵심 내용을 한 문장으로 요약하세요.

마야는 시누크에게 [   ][   ][   ][   ] 들의 장난 때문에

[   ][   ] 을 잃은 이야기를 들었습니다.

예술
/ 음악을 만드는
악기

지문 분석 강의

리듬 악기와 가락 악기

"쿵쿵쿵, 쿵쿵쿵!" "다다다다, 다다닥!"

도마와 칼이 만들어 내는 리듬으로 만들어진 난타 공연을 본 적이 있나요? 이 공연을 보면 자신도 모르게 발을 구르기도 하고 어깨를 들썩이기도 해요. 이렇게 리듬을 만들어 내는 악기가 '리듬 악기'랍니다.

우리가 학교에서 자주 사용하는 탬버린, 캐스터네츠, 트라이앵글, 작은북, 큰북이 리듬 악기예요. 또 양손에 한 개씩 쥐고 가볍게 흔들어 소리를 내는 마라카스, 한 손으로 악기를 잡고 다른 한 손으로 막대를 쥔 다음 나무통을 쳐서 소리 내는 나무관북도 있지요. 리듬 악기는 가락을 연주할 수 없고, '세고 여림', '길고 짧음' 등만 표현할 수 있습니다.

반면 가락 악기는 일정한 음을 칠 수 있는 악기예요. 바이올린, 첼로, 가야금, 리코더, 트럼펫, 피아노, 오르간 등이 가락 악기예요. 바이올린, 첼로, 가야금 등은 손으로 줄을 튕기거나 활로 켜서 소리 내므로 '현악기'라고도 부릅니다. 또 리코더, 트럼펫 등은 입으로 불어서 관 안의 공기를 진동시켜 소리 내므로 '관악기', 피아노, 오르간 등은 건반을 두드려 소리 내므로 '건반 악기'라고도 합니다.

어휘 뜻

● **리듬** 음의 장단이나 강약 따위가 반복될 때의 그 규칙적인 음의 흐름.

● **가락** 소리의 높낮이가 길이나 리듬과 어울려 나타나는 음의 흐름.

● **공기**(空 빌 공, 氣 기운 기) 지구를 둘러싸고 있으며 사람이 숨을 쉴 때 들이마시고 내쉬는 모든 기체.

● **진동**(振 떨칠 진, 動 움직일 동)시켜 흔들어 움직여.

어휘 퀴즈 다음 뜻을 지닌 낱말을 찾아 ✔표 하세요.

❶ 음악, 무용, 연극 따위를 많은 사람 앞에서 보이는 일.
　☐ 악기　　　☐ 난타　　　☐ 공연

❷ 뒤에 오는 말이 앞의 내용과 반대로.
　☐ 또　　　☐ 반면　　　☐ 그리고

1 다음 중 리듬 악기가 <u>아닌</u> 것은 무엇인가요? (　　　)

① 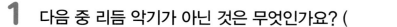 ◀ 북

② ◀ 탬버린

③ ◀ 마라카스

④ ◀ 가야금

⑤ ◀ 트라이앵글

2 이 글의 내용으로 알맞은 것을 두 가지 고르세요. (　　,　　)

① 나무관북, 첼로는 리듬 악기이다.

② 리듬 악기는 일정한 음을 칠 수 없다.

③ 건반 악기는 건반을 두드려서 소리를 낸다.

④ 관악기는 줄을 튕기거나 활로 켜서 소리를 낸다.

⑤ 가락 악기는 '세고 여림', '길고 짧음'만 표현할 수 있다.

3 다음 빈칸에 알맞은 말을 써넣어 표를 완성하세요.

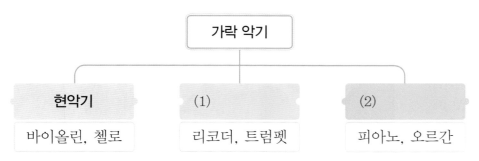

가락 악기		
현악기	(1)	(2)
바이올린, 첼로	리코더, 트럼펫	피아노, 오르간

🕐 **30초 요약**

4 다음 빈칸에 알맞은 말을 넣어 "리듬 악기와 가락 악기"의 핵심 내용을 한 문장으로 요약하세요.

　　악기는 리듬을 만드는 □□ 악기와 일정한 음을 치는 □

□ 악기로 나뉘고, 가락 악기는 현악기, 관악기, 건반 악기로 나뉩니다.

신나는 소리, 사물놀이

예술

/ 음악을 만드는
악기

① 우리 조상은 주로 힘든 일을 할 때나 명절에 야외에서 풍물놀이를 했다. 풍물놀이는 악기를 불거나 치면서 노래와 춤을 함께 한 민족의 놀이였다.

 야외에서 하던 풍물놀이를 1978년, 소극장에서 네 가지 악기만으로 연주한 것을 계기로 '사물놀이'라는 이름이 생겨났다. 사물놀이는 앉아서 연주하여 '앉은반'이라 부르기도 한다.

② 사물놀이에는 꽹과리, 징, 북, 장구 네 개의 악기만 사용하였는데, 이 네 가지 악기는 자연의 현상을 나타낸다. 크기는 작지만 요란하고 높은 소리를 내는 꽹과리는 천둥 벼락을 나타내는데, 꽹과리를 잡은 손으로 꽹과리를 잡았다 떼었다 하면 다양한 소리를 낼 수 있다. 깊고 웅장하면서도 부드러운 소리를 내는 징은 바람을 나타낸다. 북은 두껍고 낮은 소리가 하늘로 퍼지는 구름 같다고 하여 구름을 나타낸다. '두두두두' 하고 경쾌하면서도 낮은 소리를 내는 장구는 빗방울이 떨어지는 소리 같다 하여 비를 나타낸다.

어휘 뜻

- **야외(野** 들 야, **外** 바깥 외**)** 마을에서 조금 떨어져 있는 들. 또는 건물 밖.

- **풍물(風** 바람 풍, **物** 물건 물**)놀이** 농촌에서 농부들이 한 우리나라 고유의 음악. 나발, 태평소, 소고, 꽹과리, 북, 장구, 징 따위를 불거나 치면서 노래하고 춤추며 함.

- **계기로** 어떤 일이 일어나거나 바뀌도록 만드는 결정적인 원인이나 기회로.

- **현상(現** 나타날 현, **象** 코끼리 상**)** 사물의 모양과 상태.

어휘 퀴즈 다음 뜻을 지닌 낱말을 찾아 ✔표 하세요.

❶ 시끄럽고 떠들썩하다.

☐ 고요하다　　☐ 요란하다　　☐ 심심하다

❷ 규모가 크고 으리으리하다.

☐ 부드럽다　　☐ 초라하다　　☐ 웅장하다

5 글 **1**과 **2**에서 설명한 내용을 찾아 선으로 이으세요.

(1) 글 **1** •

(2) 글 **2** •

• ㉮ 사물놀이의 시작

• ㉯ 사물놀이에 사용하는 악기

6 사물놀이에 사용하는 악기로 알맞지 <u>않은</u> 것은 무엇인가요? ( )

① ◀ 북

② ◀ 징

③ ◀ 장구

④ ◀ 태평소

⑤ ◀ 꽹과리

7 이 글의 내용을 바르게 이해하여 말한 친구는 누구인지 찾아 이름을 쓰세요.

영현: 사물놀이에서 북은 작고 높은 소리를 낸다고 해.

준이: 풍물놀이는 실내에서, 사물놀이는 야외에서 한대.

예솔: 사물놀이에 사용하는 악기 네 가지는 서로 다른 자연의 현상을 나타내.

( )

30초 요약

8 다음 빈칸에 알맞은 말을 넣어 "신나는 소리, 사물놀이"의 핵심 내용을 한 문장으로 요약하세요.

사물놀이에 사용하는 악기는 꽹과리, ☐ , 북, ☐☐ 이며, 꽹과리는 '천둥 벼락', 징은 '바람', 북은 '구름', 장구는 '☐'를 나타냅니다.

5일

배꼽시계

안도현

지문 분석 강의

문학
/ 시

(배) 배가 고프니?

(꼬) 꼬르륵꼬르륵

(ㅂ) 밥 먹어야 할

(시) 시간이라고?

(ㄱ) 계산 하나는 잘하네.

어휘 뜻

● **배꼽시계** 배가 고픈 것으로 먹을 때를 짐작하는 일을 빗대어 이르는 말.

어휘 퀴즈 다음 뜻을 지닌 낱말을 찾아 ✓표 하세요.

1 배 속에서 잇따라 끓는 소리.

☐ 꼬꼬댁꼬꼬댁 　 ☐ 호로록호로록 　 ☐ 꼬르륵꼬르륵

2 어떤 일을 미리 생각함.

☐ 반성 　 ☐ 계산 　 ☐ 지불

1 다음 •도움말•의 내용으로 보아, 이 글에 대한 설명으로 알맞은 것은 무엇인가요? (　　　)

> •도움말•
> • 시: 글을 쓰는 사람의 느낌과 생각을 리듬이 있는 짧은 말로 쓴 글.
> • 옛이야기: 옛날에 있었던 일이라고 전해지거나 꾸며서 하는 재미 있는 이야기.

① 이 글은 옛이야기이다.
② 5줄로 이루어져 있다.
③ 모양을 흉내 내는 말이 쓰였다.
④ 글의 분위기가 무섭게 느껴진다.
⑤ 각각의 줄은 (　　) 안에 있는 글자로 끝난다.

2 ㉠에 들어갈 알맞은 말은 무엇일까요? (　　　)

① 계　　　　　　② 하　　　　　　③ 는
④ 잘　　　　　　⑤ 네

3 이 글에서 배꼽시계가 내는 소리를 찾아 쓰세요.

(　　　　　　　　)

 **요약**

4 다음 빈칸에 알맞은 말을 넣어 "배꼽시계"의 핵심 내용을 한 문장으로 요약하세요.

☐☐☐☐ 는 '꼬르륵꼬르륵' 소리를 내어 ☐☐ 가

고픈 때를 알려 줍니다.

까치

성덕제

책책책 책책책책
응원을 하나 봐요
삼삼칠 박수를
어디서 배웠을까
꼬리를
흔들어 대며
책책책책 책책책

어휘 뜻
• **삼삼칠 박수** 응원을 할 때 치는 박수를 가리키는 말. 세 번, 세 번, 일곱 번 침.

어휘 퀴즈 다음 뜻을 지닌 낱말을 찾아 ✔표 하세요.

❶ '깍깍' 하고 울며 마을 가까이에 사는 큰 새. 머리에서 등까지 검고 윤이 나며, 어깨와 배는 흰색인 새.

☐ 비둘기　　　☐ 앵무새　　　☐ 까치

❷ 운동 경기 등에서 선수들이 힘을 낼 수 있도록 도와주는 일.

☐ 응원　　　☐ 연습　　　☐ 공격

5 이 시에서 반복되는 말은 무엇인가요? (   )

① 응원을   ② 어디서   ③ 책책책책
④ 흔들어 대며   ⑤ 삼삼칠 박수를

6 이 시를 읽고 떠오르는 장면으로 알맞은 것은 무엇인가요? (   )

① 까치가 알을 품는 모습
② 까치가 잠을 자는 모습
③ 까치가 땅을 걷는 모습
④ 까치가 먹이를 먹는 모습
⑤ 까치가 꼬리를 흔드는 모습

7 이 시를 읽고 생각이나 느낌을 바르게 말한 친구는 누구인가요? (   )

① 아람: 시의 분위기가 우울하게 느껴져.
② 민주: 어미 새를 잃은 아기 까치들이 떠올라.
③ 종아: 까치들이 서로 싸우는 모습이 떠올라 안타까워.
④ 진성: 까치가 사람처럼 박수를 친다고 표현한 것이 재미있어.
⑤ 호준: '책책책', '책책책책'을 빼고 읽어야 시가 더 재미있게 느껴져.

30초 요약

8 다음 빈칸에 알맞은 말을 넣어 "까치"를 읽고 든 느낌을 한 문장으로 요약하세요.

☐☐ 가 긴 ☐☐ 를 흔드는 모습이 마치 삼삼칠 박수를

치며 ☐☐ 을 하는 것처럼 느껴집니다.

독해 속
어휘 마무리!

1 다음 문장을 읽고, (   )에 공통으로 들어갈 낱말을 완성하세요.

(1)
① 급식을 받을 때에는 (   )를 지켜야 한다.
(뜻) 순서 있게 구분하여 벌여 나가는 관계.

② 추석날 아침에는 조상들께 (   )를 지낸다.
(뜻) 명절날, 조상 생일 등의 낮에 지내는 제사.

차	ㄹ

(2)
① 나는 배가 고파 밥 한 (   )를 뚝딱 먹어 치웠다.
(뜻) 위가 넓게 벌어지고 밑이 좁은 작은 그릇.

② 자동차 때문에 (   ) 오염이 심각하다.
(뜻) 지구를 둘러싸고 있으며 사람이 숨을 쉴 때 들이마시고 내쉬는 모든 기체.

공	ㄱ

(3)
① 우리 집은 (   )와 돼지를 키운다.
(뜻) 풀을 먹는 갈색의 큰 집짐승.

② 콩, 밤, 깨 등의 (   )를 넣어 송편을 만든다.
(뜻) 찐빵이나 만두처럼 반죽으로 둘러싸는 음식 속에 넣어 맛을 내는 것.

ㅅ

2 다음 문장을 잘 읽어 보고, 두 낱말 중 맞춤법에 맞는 낱말을 찾아 ○표 하세요.

(1) 잘못되어도 내 [탈 / 탓]은 하지 마.

(2) 고구마를 많이 먹으면 목이 [멘다 / 맨다].

(3) 날씨가 좋으니 [야외 / 야왜]로 소풍을 가자.

(4) 끈으로 신문 뭉치를 힘껏 [묵었다 / 묶었다].

(5) 여자아이는 한복을 입고 [댕기 / 뎅기]를 하였다.

(6) 친구는 내 말을 들은 [채 / 체]도 하지 않았다.

3 다음 사진과 설명을 보고, 밑줄 그은 곳에 들어갈 낱말을 •**보기**•에서 찾아 써 넣으세요.

•보기•
> 건강 　 감정 　 거부 　 현상 　 균형

(1) 꾸준히 운동을 하면 _____에 좋다.

(2) 평균대에서 _____을 잡기가 어렵다.

(3) 번쩍이는 불꽃인 번개는 자연 _____이다.

4 다음 밑줄 그은 낱말의 반대말을 완성하세요.

(1)
식목일에 <u>심은</u> 나무가 동생의 키만큼 자랐다.

화단에 예쁘게 핀 꽃을 ｜ ㅃ ｜ ㅇ ｜ 사람이 누구일까?

(2)
플라스틱 그릇은 <u>가볍고</u> 잘 깨지지 않는다.

책가방에 책이 많이 들어 있어 ｜ ㅁ ｜ ㄱ ｜ ㄱ ｜ 뚱뚱하다.

(3)
다양한 교통수단을 이용하면 <u>편리하게</u> 생활할 수 있다.

전기가 발명되기 전에는 ｜ ㅂ ｜ ㅍ ｜ ㅎ ｜ ㄱ ｜ 지냈을 것이다.

2주

1일
사회

사회
우리가 해야
할 일

과학
재미있는
동물 세계

영역

문학
창작 동화

문학
우리 옛이야기

인물
테레사·권정생

고맙습니다.

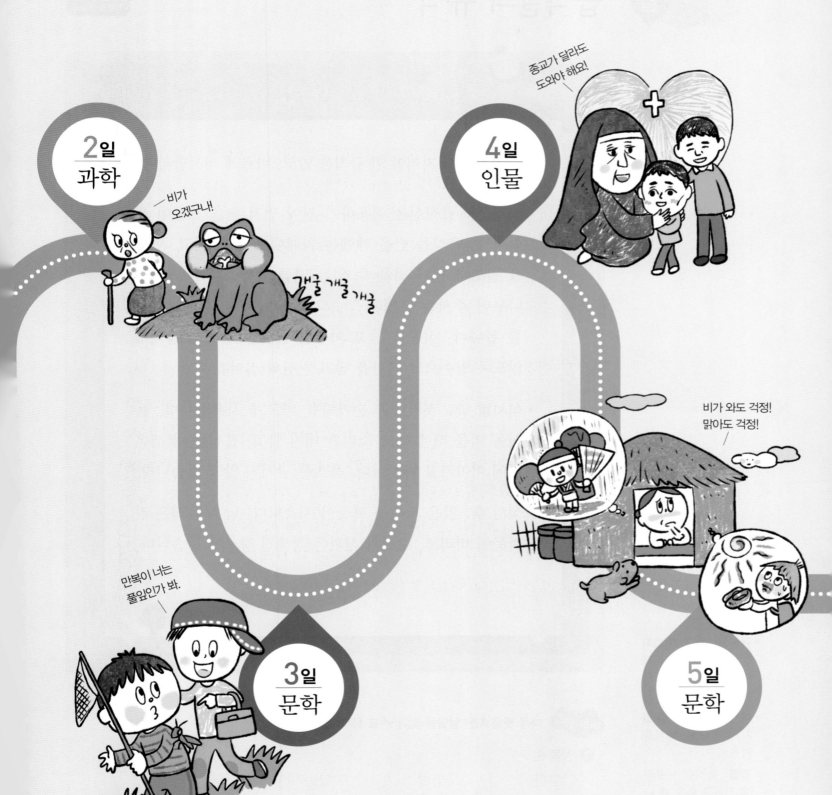

지문 분석 강의

급식실의 규칙

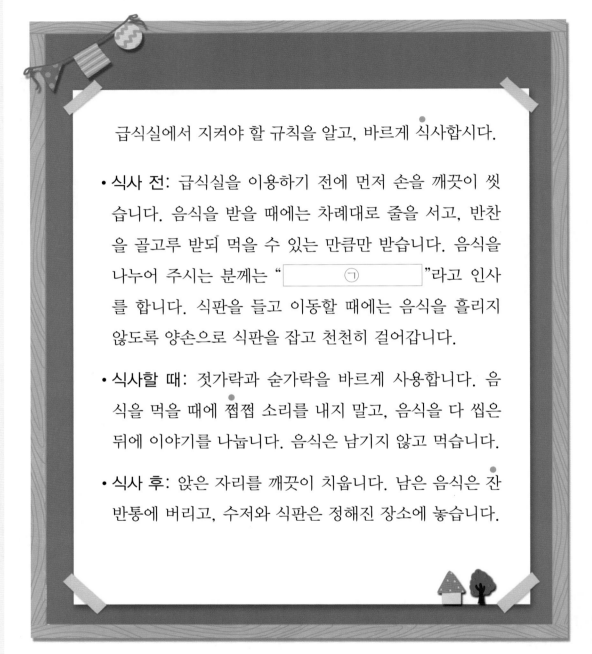

급식실에서 지켜야 할 규칙을 알고, 바르게 식사합시다.

• **식사 전**: 급식실을 이용하기 전에 먼저 손을 깨끗이 씻습니다. 음식을 받을 때에는 차례대로 줄을 서고, 반찬을 골고루 받되 먹을 수 있는 만큼만 받습니다. 음식을 나누어 주시는 분께는 "   ㉠   "라고 인사를 합니다. 식판을 들고 이동할 때에는 음식을 흘리지 않도록 양손으로 식판을 잡고 천천히 걸어갑니다.

• **식사할 때**: 젓가락과 숟가락을 바르게 사용합니다. 음식을 먹을 때에 쩝쩝 소리를 내지 말고, 음식을 다 씹은 뒤에 이야기를 나눕니다. 음식은 남기지 않고 먹습니다.

• **식사 후**: 앉은 자리를 깨끗이 치웁니다. 남은 음식은 잔반통에 버리고, 수저와 식판은 정해진 장소에 놓습니다.

어휘 뜻

• **규칙**(規 법 규, 則 법칙 칙) 여러 사람이 다 같이 지키기로 정한 법칙.

• **식사**(食 먹을 식, 事 일 사) 끼니로 음식을 먹음.

• **쩝쩝** 음식을 아무렇게나 마구 먹을 때 나는 소리.

• **잔반통** 먹고 남은 음식을 담는 그릇.

어휘 퀴즈 다음 뜻을 지닌 낱말을 찾아 ✔표 하세요.

❶ 양쪽 손.

☐ 양면   ☐ 양발   ☐ 양손

❷ 숟가락과 젓가락을 아울러 이르는 말.

☐ 식판   ☐ 잔반   ☐ 수저

1 이 글은 무엇을 알리기 위해 쓴 글인지 찾아 ◯표 하세요.

▲ 급식실의 구조
(1) (   )

▲ 급식실에서 지켜야 할 일
(2) (   )

▲ 편식하지 않는 법
(3) (   )

2주·1일

2 다음 중 식사 전에 가장 먼저 할 일은 무엇인가요? (   )

① 차례대로 줄을 선다.
② 손을 깨끗이 씻는다.
③ 앉은 자리를 깨끗이 치운다.
④ 음식을 남기지 않고 먹는다.
⑤ 남은 음식을 잔반통에 버린다.

3 ㉠에 들어갈 인사말로 알맞은 것을 두 가지 고르세요. (,   )

① 안녕히 가세요.   ② 잘 먹겠습니다.
③ 정말 죄송합니다.   ④ 감사히 먹겠습니다.
⑤ 안녕히 다녀오셨어요?

 요약

4 다음 빈칸에 알맞은 말을 넣어 "급식실의 규칙"의 핵심 내용을 한 문장으로 요약하세요.

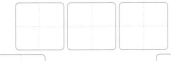

▢▢▢ 에서는 식사 전, 식사할 때, 식사 후의 ▢

▢ 에 따라 바르게 ▢▢ 해야 합니다.

물을 아껴 씁시다

안녕하세요. 저는 동아초등학교 1학년 김선우입니다.

요즈음 우리 학교에 물을 틀어 놓고 양치질을 하는 학생이 많습니다. 또 손에 비누칠을 할 때에도 물을 틀어 놓는 경우가 많습니다.

저는 우리 친구들이 물을 아껴 썼으면 좋겠습니다.

우리가 사용하는 수돗물을 만들기 위해서는 많은 비용이 들어갑니다. 수돗물은 댐이나 강에 있던 물을 여러 가지 과정을 거쳐 깨끗하게 만든 것입니다. 그러므로 물을 틀어 놓으면 돈을 버리는 것과 같습니다.

물을 함부로 쓰면 우리나라도 물이 부족하여 어려움을 겪을 수 있습니다. 지구에서 많은 부분이 물로 덮여 있지만 대부분 먹을 수 없는 바닷물이고, 우리가 먹을 수 있는 민물은 얼마 되지 않습니다. 게다가 인구가 빠르게 늘어나면서 물 부족 문제가 더 심각해지고 있다고 합니다.

㉠물을 아끼기 위해 할 수 있는 일을 실천합시다.

어휘 뜻

- **민물** 강이나 호수와 같이 소금기가 없는 물.
- **인구**(人 사람 인, 口 입구) 일정한 지역에 사는 사람의 수.

- **심각**(深 깊을 심, 刻 새길 각)**해지고** 상태나 정도가 매우 깊고 심해지고.

어휘 퀴즈 다음 뜻을 지닌 낱말을 찾아 ✓표 하세요.

❶ 어떤 일을 하는 데 드는 돈.
  ☐무료   ☐비용   ☐낭비

❷ 이론이나 계획을 실제로 하는 것.
  ☐실력   ☐실수   ☐실천

5 글쓴이가 이 글을 쓰게 된 문제 상황은 무엇인가요? (   )

① 학교에 먹는 물이 부족하다.

② 물을 낭비하는 학생이 많다.

③ 돈을 함부로 쓰는 학생이 많다.

④ 학교 화장실에 비누가 없어서 불편하다.

⑤ 밥을 먹고 양치질을 하지 않는 학생이 많다.

6 다음 표의 빈칸에 알맞은 말을 글에서 찾아 써넣으세요.

글쓴이의 생각	⑴ ( )을 아껴 써야 한다.
그렇게 생각한 까닭	⑵ 수돗물을 만들려면 많은 ( )이 든다. ⑶ 물을 함부로 쓰면 우리나라도 물이 부족하여 ( )을 겪는다.

7 ㉠의 예로 알맞지 <u>않은</u> 것은 무엇인가요? (   )

① 손이 더러워도 씻지 맙시다.

② 비누칠을 할 때에는 물을 잠급시다.

③ 양치질을 할 때에는 컵을 사용합시다.

④ 물을 사용한 뒤에는 꼭 수도꼭지를 잠급시다.

⑤ 한번 사용한 물은 화단에 물을 주는 데 사용합시다.

30초 요약

8 다음 빈칸에 알맞은 말을 넣어 "물을 아껴 씁시다"의 핵심 내용을 한 문장으로 요약하세요.

물을 함부로 쓰면 돈을 버리는 것과 같고 물이 [ ][ ] 하여 어려움

을 겪을 수 있으므로, [ ]을 아껴 써야 합니다.

과학
/ 재미있는
동물 세계

청개구리는 왜 울까요?

지문 분석 강의

여러분은 청개구리 이야기를 들은 적이 있나요? 무엇이든 반대로만 하던 청개구리가 돌아가신 엄마를 강가에 묻은 뒤, 엄마 무덤이 떠내려갈까 봐 비만 오면 서럽게 운다는 내용이에요. 이런 옛이야기 말고 비가 올 즈음 청개구리가 우는 진짜 이유는 무엇일까요?

청개구리의 피부는 비늘이나 털이 없고, 항상 축축하게 젖어 있어요. 청개구리는 이런 피부로 숨을 쉬기 때문에 공기 중에 습기가 많아야 편하게 호흡할 수 있어요. 그래서 물가나 습한 곳에서 살고, 공기 중 습도에 아주 민감해요.

비가 올 즈음이면 공기 중에 습도가 높아져요. 이런 습한 공기가 피부에 닿으면 청개구리는 숨을 쉬기가 편해지고 기분도 좋아져서 힘차게 울어 대는 것이랍니다.

청개구리가 낮보다 밤에 더 울어 대는 까닭도 낮보다 밤에 습기가 더 많기 때문이에요. 실제로 청개구리가 울면 비가 올 가능성이 높다고 해요.

어휘 뜻
- **항상** 언제나 변함없이.
- **습기**(濕 젖을 습, 氣 기운 기) 물기가 많아 젖은 듯한 기운.
- **민감**(敏 재빠를 민, 感 느낄 감)**해요** 자극에 빠르게 반응을 보이거나 쉽게 영향을 받아요.

어휘 퀴즈 다음 뜻을 지닌 낱말을 찾아 ✔표 하세요.

❶ 숨을 쉼. 또는 그 숨.
☐ 흡수　　　☐ 호흡　　　☐ 광합성

❷ 공기 가운데 수증기(물)가 들어 있는 정도.
☐ 온도　　　☐ 채도　　　☐ 습도

1 이 글은 무엇에 대해 설명하는 글인가요? (　　　　)

① 청개구리의 먹이
② 청개구리가 알을 낳는 과정
③ 청개구리가 멀리 뛰는 방법
④ 청개구리가 몸 색깔을 바꾸는 까닭
⑤ 비가 올 즈음 청개구리가 우는 까닭

2 이 글의 내용으로 알맞으면 ☺에 ○표, 알맞지 <u>않으면</u> ☹에 ○표 하세요.

(1) 청개구리는 피부로 숨을 쉰다.　　　　　　　　　　　　(☺ , ☹)
(2) 청개구리의 피부는 비늘로 덮여 있다.　　　　　　　　　(☺ , ☹)
(3) 청개구리는 물기가 없는 곳을 좋아한다.　　　　　　　　(☺ , ☹)
(4) 청개구리의 피부는 축축하게 젖어 있다.　　　　　　　　(☺ , ☹)
(5) 청개구리가 울면 비가 오는 경우가 많다.　　　　　　　　(☺ , ☹)

3 청개구리가 낮보다 밤에 더 울어 대는 까닭은 무엇인가요? (　　　　)

① 밤에 먹이가 더 많아서
② 밤에 습기가 더 많아서
③ 밤에 날씨가 더 시원해서
④ 밤에는 뱀이나 새들이 없어서
⑤ 밤에 울음소리가 더 멀리 퍼져서

 요약

4 다음 빈칸에 알맞은 말을 넣어 "청개구리는 왜 울까요?"의 핵심 내용을 한 문장으로 요약하세요.

　　　　□ 가 올 즈음 청개구리가 우는 까닭은 □□ 공기가 피부에 닿아 숨을 쉬기가 편해지고 □□ 도 좋아지기 때문입니다.

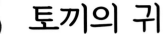

토끼의 귀

'토끼' 하면 가장 먼저 떠오르는 것은 기다란 귀입니다. 토끼의 크고 기다란 귀는 여러 가지 역할을 합니다.

먼저 토끼의 귀는 자신을 잡아먹는 천적으로부터 몸을 보호하는 역할을 합니다. 숲속 곳곳에는 토끼를 잡아먹으려는 독수리, 뱀, 여우, 족제비 등이 있습니다. 토끼는 매우 약한 동물이기 때문에 적이 다가오는 소리가 들리면 빨리 도망가야 합니다. 그래서 주변의 작은 소리도 잘 들을 수 있도록 귀가 크고 기다랗습니다.

그리고 토끼의 귀는 체온을 조절하는 역할도 합니다. 토끼는 땀구멍이 적어서 땀을 잘 흘리지 않습니다. 그래서 빠른 속도로 달리면 몸이 아주 빠르게 뜨거워지는데 이때 귀를 쫑긋 세워 열을 식힙니다. 토끼의 귀에는 수많은 혈관이 있어서 몸의 더운 피가 귀를 지나면서 식는 것입니다.

이렇게 여러 가지 역할을 하는 토끼의 귀는 매우 민감합니다. 그래서 토끼의 귀를 잡으면 매우 아파하므로 귀를 잡으면 안 됩니다. 토끼를 들 때에는 한 손으로 겨드랑이를 살짝 잡고 나머지 한 손으로 엉덩이를 받쳐 듭니다.

어휘 뜻

● **역할(役** 부릴 역, **割** 나눌 할) 하기로 되어 있는 일. 또는 맡아서 하는 일.

● **체온(體** 몸 체, **溫** 온도 온) 동물의 몸이 가지고 있는 온도.

어휘 퀴즈 다음 뜻을 지닌 낱말을 찾아 ✔표 하세요.

❶ 어떤 생물을 잡아먹어 그 생물의 적이 되는 동물.

　　☐천적　　　　☐친구　　　　☐친척

❷ 몸 안에 피가 흐르는 관.

　　☐위　　　　☐혈관　　　　☐대장

5 이 글을 읽고 알 수 있는 내용을 두 가지 고르세요. (　　,　　)

① 토끼의 먹이

② 토끼 눈이 빨간 까닭

③ 토끼를 잡아먹는 동물

④ 토끼가 새끼를 키우는 방법

⑤ 토끼 귀를 잡으면 안 되는 까닭

6 다음은 토끼의 몸 중 무엇의 역할을 정리한 것인지 쓰세요.

> • 체온을 조절한다.
> • 천적으로부터 몸을 보호한다.

(　　　　　　　　)

7 이 글의 내용으로 알맞은 것은 무엇인가요? (　　　)

① 토끼의 귀에는 혈관이 없다.

② 토끼는 땀구멍이 많아 땀을 잘 흘린다.

③ 토끼를 안을 때에는 귀를 잡고 엉덩이를 받쳐야 한다.

④ 토끼의 귀는 소리를 잘 들을 수 있도록 크고 기다랗다.

⑤ 토끼는 체온이 올라가면 귀를 늘어뜨려 몸의 열을 내보낸다.

30초 요약

8 다음 빈칸에 알맞은 말을 넣어 "토끼의 귀"의 핵심 내용을 한 문장으로 요약하세요.

토끼의 귀는 □□으로부터 몸을 보호하고, □□을 조절하는 역할을 합니다.

만복이는 풀잎이다

안도현

문학
／ 창작 동화

슬기가 메뚜기를 잡으러 가요.

만복이와 함께 사이좋게 가요.

둘은 강둑에 나란히 앉았어요.

그때 메뚜기가 만복이 어깨에 앉았어요.

슬기는 가만히 메뚜기를 보았어요.

슬기는 손가락을 입에 대고 나직하게 말하였어요.

㉠"만복아, 움직이지 마!"

"왜 그래?"

슬기는 메뚜기가 날아갈까 봐 마음이 조마조마하였어요.

지금 만복이 어깨 위에 메뚜기가 앉아 있어요.

메뚜기는 만복이를 풀잎이라고 생각한 모양이에요.

그래요.

메뚜기가 만복이를 풀잎으로 생각한다면, ㉡이제 만복이는 풀잎이지요.

어휘 뜻

- **메뚜기** 겹눈과 세 개의 홑눈이 있고 뒷다리가 발달하여 잘 뛰는 곤충.

- **조마조마하였어요** 앞일이 걱정되어 마음이 초조하고 불안하였어요.

작품의 전체 줄거리

슬기와 만복이가 메뚜기를 잡으러 감.

슬기가 잡으려던 방아깨비를 만복이가 먼저 낚아챔.

슬기는 약이 올랐지만 방아깨비가 방아 찧는 모습을 보며 마음이 풀림.

수록 지문 만복이의 어깨 위에 메뚜기 한 마리가 살짝 내려와 앉음.

어휘 퀴즈 다음 뜻을 지닌 낱말을 찾아 ✔표 하세요.

❶ 강물이 넘치지 않게 하려고 쌓은 둑.

☐도둑　　　☐강둑　　　☐모래사장

❷ 소리가 꽤 낮게.

☐나란히　　　☐사이좋게　　　☐나직하게

1 ㉠에서 슬기의 마음은 어떠한가요? (　　　　)

① 안타깝다.　　　　② 속상하다.　　　　③ 부끄럽다.
④ 화가 난다.　　　　⑤ 조마조마하다.

2 글쓴이가 ㉡처럼 생각한 까닭은 무엇일까요? (　　　　)

① 만복이가 풀잎을 좋아해서
② 만복이의 별명이 풀잎이어서
③ 만복이가 풀잎에 가려 보이지 않아서
④ 만복이의 옷에 풀잎이 많이 붙어 있어서
⑤ 메뚜기가 만복이의 어깨가 풀잎인 것처럼 생각하고 앉아 있어서

3 이 글의 슬기나 만복이와 가장 비슷한 경험을 한 친구는 누구인가요? (　　　　)

① 민경: 할아버지 댁에 가서 수박을 먹었어.
② 대희: 숙제를 안 했다고 어머니께 혼났어.
③ 다연: 가을에 아버지와 고추잠자리를 잡은 적이 있어.
④ 은별: 놀이공원에서 무서운 놀이 기구를 타고 엉엉 울었어.
⑤ 승호: 서로 먼저 장난감을 가지고 놀겠다고 동생과 싸운 적이 있어.

 요약

4 다음 빈칸에 알맞은 말을 넣어 "만복이는 풀잎이다"의 핵심 내용을 한 문장으로 요약하세요.

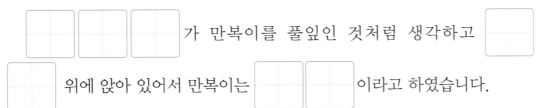

　　　　　　가 만복이를 풀잎인 것처럼 생각하고
　　위에 앉아 있어서 만복이는 　　　이라고 하였습니다.

문학
/ 창작 동화

나무야, 누워서 자거라

강소천

어머니와 아버지께서 성은이가 그린 그림을 보고 웃으셨습니다. 그림이 좀 이상하였기 때문입니다.

아버지께서 성은이에게 물으셨습니다.

"성은아, 반짝반짝 빛나는 별을 참 예쁘게 그렸구나. 그런데 해는 왜 그렸니?"

"아빠, 그것도 모르세요? 밤이니까 해가 숲속에 내려와 잠을 자고 있는 거예요."

"아, 그렇구나!"

어머니께서도 궁금하신 듯 물으셨습니다.

"그런데 나무는 왜 누워 있지?"

"나무도 해와 함께 새근새근 잠을 자고 있어요."

"성은아, 나무는 누워서 잠을 자지 않고 서서 잠을 잔단다."

"아이참, 아빠도……. 서서 잠을 자면 나무가 너무 힘들잖아요? 누워서 편하게 자라고 이렇게 그렸어요."

어휘 뜻
- **빛나는** 빛이 환하게 비치는.
- **편하게** 몸이나 마음이 괴롭지 않고 좋게.

어휘 퀴즈 다음 뜻을 지닌 낱말을 찾아 ✔표 하세요.

❶ 작은 빛이 잠깐 잇따라 나타났다가 사라지는 모양.
☐파릇파릇　　☐살금살금　　☐반짝반짝

❷ 어린아이가 곤히 잠들어 조용하게 자꾸 숨 쉬는 소리.
☐드르렁드르렁　　☐새근새근　　☐철썩철썩

5 다음 중 성은이가 그린 그림으로 알맞은 것은 무엇인가요? (   )

①
②
③

④
⑤

6 이 글에서 재미있게 표현한 것을 찾아 기호를 쓰세요.

㉮ 아버지가 그림 그릴 때 자꾸 실수하신 것
㉯ 성은이가 밤이라서 해가 잠을 잔다고 말한 것
㉰ 어머니가 성은이의 그림이 이상하다고 하신 것

7 이 글의 내용으로 보아, 성은이의 성격은 어떠한가요? (   )

① 조용하다.　　　　　② 순수하다.
③ 겁이 많다.　　　　　④ 욕심이 많다.
⑤ 희생정신이 강하다.

30초 **요약**

8 다음 빈칸에 알맞은 말을 넣어 "나무야, 누워서 자거라"의 핵심 내용을 한 문장으로 요약하세요.

　　　　　이는　　　와　　　　　가 누워서 자고 있는 모습을

그렸습니다.

인물
/ 테레사

지문 분석 강의

존경받는 테레사 수녀

"테레사 수녀님! 수녀원 안으로 함부로 사람을 들이면 안 됩니다."

"하지만 사람이 죽어 가고 있잖아요. 우리와 종교가 달라도 도와야 해요."

테레사 수녀는 자신의 뜻을 굽히지 않고, 피투성이가 된 사람들을 데려와 보살폈습니다.

과거에 인도가 영국의 지배에서 벗어난 뒤, 인도 곳곳에서는 힌두교와 이슬람교를 믿는 사람들 사이에 큰 싸움이 벌어졌습니다. 인도 거리는 아무런 보살핌도 받지 못하고 굶주림과 병에 걸려 죽어 가는 사람들로 넘쳐 났습니다. 이런 모습에 안타까움을 느낀 테레사 수녀는 맨몸으로 수녀원을 나와 '사랑의 선교회'라는 수도회를 만들었습니다. 그리고 가난한 사람들이 모여 사는 빈민촌에서 함께 생활하며 몸과 마음을 다해 헌신적으로 병든 사람을 간호하고, 고아들을 돌보았습니다. 또 칠판이나 분필을 살 돈이 없어 나뭇가지로 땅바닥에 글자를 써서 아이들을 가르쳤습니다.

테레사 수녀는 1979년 노벨 평화상과 상금을 받았지만 상금도 모두 가난한 사람들을 위해 썼습니다. 테레사 수녀는 사랑과 봉사의 상징으로 지금까지 존경을 받고 있습니다.

어휘 뜻

- **수녀** (가톨릭에서) 훈련을 받고 단체에 속하여 결혼을 하지 않고 봉사하는 여자.
- **과거(過 지날 과, 去 갈 거)** 이미 지나간 때.
- **지배(支 지탱할 지, 配 나눌 배)** 어떤 사람이나 집단, 조직, 사물 등을 자기의 뜻대로 하여 다스림.
- **상금(賞 상줄 상, 金 돈 금)** 좋은 일을 한 것에 대하여 칭찬하기 위하여 주는 돈.
- **상징(象 모양 상, 徵 부를 징)** 눈에 보이지 않는 것을 구체적인 사물로 나타냄.

어휘 퀴즈 다음 뜻을 지닌 낱말을 찾아 ✔표 하세요.

❶ 주로 도시에서 가난한 사람들이 모여 사는 마을.

☐ 빈민촌　　☐ 귀족　　☐ 수도회

❷ 몸과 마음을 바쳐 있는 힘을 다함.

☐ 존경　　☐ 맨몸　　☐ 헌신

1 테레사 수녀가 살았던 시대의 인도 모습을 두 가지 고르세요. (　　,　　)

① 인도가 영국을 지배하고 있었다.

② 경제적으로 성장하여 모두가 잘살았다.

③ 굶주림과 병에 걸려 죽어 가는 사람이 많았다.

④ 빈민촌이 모두 사라지고 부자 마을이 늘어났다.

⑤ 서로 다른 종교를 믿는 사람들 사이에 큰 싸움이 벌어졌다.

2 테레사 수녀가 한 일이 <u>아닌</u> 것은 무엇인가요? (　　　　)

① 고아들을 돌보았다.

② '사랑의 선교회'를 만들었다.

③ 아이들에게 글자를 가르쳤다.

④ 가난하고 병든 사람을 간호했다.

⑤ 종교가 다른 사람을 멀리하였다.

3 다음 중 테레사 수녀에 대해 바르게 표현한 것을 찾아 밑줄 그으세요.

> • 남을 위해 희생한다.
> • 부자가 되고 싶어 한다.
> • 상을 받는 것을 좋아한다.
> • 가족에게 도움받기를 원한다.

 요약

4 다음 빈칸에 알맞은 말을 넣어 "존경받는 테레사 수녀"의 핵심 내용을 한 문장으로 요약하세요.

'　□　□　의 선교회'를 만들어 가난하고 병든 사람들을 보살폈던 테

레사 수녀는 사랑과 　□　□　의 상징으로 존경을 받고 있습니다.

일 동화 작가, 권정생

"선생님, 제발 이 상을 받아 주세요."

권정생의 집 앞에 기자들이 몰려와 대문을 두드렸지만 어찌된 일인지 권정생은 대문을 걸어 잠그고 꼼짝도 하지 않았습니다.

"난 상을 받으려고 동화를 쓴 것이 아닙니다. 어린이를 위한 동화를 쓰면서 어찌 보상이나 명예를 바랄 수 있습니까?"

권정생은 끝내 상을 받지 않았습니다.

몇 년 뒤, 권정생은 한 텔레비전 프로그램에서 권정생이 쓴 책을 추천한다는 소식을 들었습니다. 책이 추천되면 수십만 부가 팔려 많은 돈을 벌 수 있었습니다. 그러나 권정생은 아이들이 스스로 책을 골라야지 왜 방송에서 책을 추천하느냐며 이를 거부했습니다.

어린 시절, 가난했던 권정생은 『강아지 똥』, 『몽실 언니』 등으로 유명한 작가가 된 뒤에도 검소하게 생활했습니다. 그리고 죽는 순간까지 어린이들을 생각하여 자신이 쓴 책에서 나오는 인세를 어린이들에게 되돌려주라는 유언을 남겼습니다.

권정생의 동화에 나오는 주인공은 모두 힘없고 슬프지만 결코 희망을 잃지 않습니다. 이러한 권정생의 동화는 어린이들에게 꿈과 희망을 심어 주며 많은 사랑을 받고 있습니다.

어휘 뜻

- **동화**(童 아이 동, 話 이야기 화) 어린이가 듣거나 읽고 즐기는 이야기.
- **보상**(報 갚을 보, 償 갚을 상) 어떤 것에 대한 대가로 갚음.
- **명예**(名 이름 명, 譽 기릴 예) 세상에서 훌륭하다고 인정되는 이름이나 자랑.
- **검소**(儉 검소할 검, 素 바탕 소)하게 낭비하거나 사치스럽지 않고 수수하게.
- **인세**(印 도장 인, 稅 세금 세) 작품이 팔리는 수에 따라 만든 사람에게 주는 돈.
- **유언**(遺 남길 유, 言 말씀 언) 죽음에 이르러 남기는 말.

어휘 퀴즈 다음 뜻을 지닌 낱말을 찾아 ✔표 하세요.

❶ 어떤 조건에 맞는 대상을 책임지고 소개함.

☐추리 ☐추측 ☐추천

❷ 신문이나 책을 세는 단위.

☐잔 ☐부 ☐원

5 권정생이 상을 받지 않은 까닭은 무엇인가요? (   )

① 상금이 너무 적어서

② 부끄러움을 많이 타서

③ 자신이 쓴 동화가 아니어서

④ 대문 밖에 나가는 것이 귀찮아서

⑤ 보상을 바라고 동화를 쓴 것이 아니어서

2주
·
4일

6 이 글의 내용으로 알맞으면 ○표, 알맞지 않으면 ×표 하세요.

(1) 권정생은 어린 시절, 부유하게 살았다.   (   )

(2) 권정생은 유명한 작가가 된 뒤에도 검소하게 살았다.   (   )

(3) 권정생의 동화에 나오는 주인공은 힘 있고 잘사는 사람들이다. (   )

(4) 권정생은 아이들이 스스로 책을 골라 읽어야 한다고 생각했다. (   )

7 다음 중 권정생의 성격으로 알맞은 것은 무엇인가요? (   )

① 거짓말을 잘한다.   ② 어른을 무시한다.

③ 욕심이 많고 인색하다.   ④ 다른 사람에게 잘 속는다.

⑤ 어린이를 아끼고 사랑한다.

30초 요약

8 다음 빈칸에 알맞은 말을 넣어 "동화 작가, 권정생"의 핵심 내용을 한 문장으로 요약하세요.

『강아지 똥』, 『 [ ][ ] 언니』 등으로 유명한 권정생의 [ ][ ]는 어린이들에게 [ ]과 희망을 심어 주며 많은 사랑을 받고 있습니다.

5일

지문 분석 강의

부채와 나막신

어머니는 밤마다 두 손을 모으고 신령님께 빌었습니다.

"비나이다, 비나이다. 멀리 떠난 두 아들의 장사가 잘되도록 도와주소서."

㉠어머니의 마음은 정말 간절했습니다.

계절이 바뀌고 여름이 되었습니다. 하늘에서는 며칠째 굵은 빗줄기가 쏟아져 내렸어요. 어머니는 큰아들 생각에 한숨을 내쉬었지요.

"비야 비야, 오지 마라. 우리 큰아들이 속상하단다. 부채 장사하는 우리 큰아들, 부채가 안 팔려서 걱정한단다."

며칠이 지나자, 비가 그치고 하늘이 맑게 개었습니다. 햇볕이 쨍쨍 내리쬐면서 날씨가 무척 더웠어요. 어머니의 얼굴도 활짝 개었습니다.

"날씨가 이렇게 무더우니까 부채가 잘 팔릴 거야. 우리 큰아들 이제 걱정 없겠네."

하지만 어머니 얼굴에는 다시 어두운 빛이 감돌았습니다. 어머니는 며칠째 햇볕만 내리쬐는 하늘을 보며 원망스러운 목소리로 말했어요.

"하늘아, 이렇게 뜨거운 햇볕만 내리쬐면 우리 작은아들 나막신 장사는 어쩌란 말이냐."

나막신은 비가 올 때만 신기 때문에 날이 맑으면 팔 수가 없었지요. 어머니는 작은아들을 생각하니 마음이 아팠어요.

작품의 전체 줄거리

| 부채를 만드는 큰아들과 나막신을 만드는 작은아들이 장사를 하러 멀리 떠남. | **수록지문** 어머니는 비가 오면 큰아들을, 날이 개면 작은아들을 걱정함. | 이웃집 사람이 비가 오면 나막신을, 날이 개면 부채를 팔아 좋을 것이라 말해 줌. | 어머니는 비가 와도, 날이 맑아도 기분 좋게 두 아들을 기다리며 행복하게 삶. |

어휘 뜻

- **나막신** 앞뒤에 높은 굽이 있어 옛날에 비가 오는 날이나 땅이 진 곳에서 신었음.
- **한숨** 걱정이나 설움이 있을 때, 긴장했다가 마음을 놓을 때 길게 몰아서 내쉬는 숨.
- **원망(怨** 원망할 원, **望** 바랄 망)**스러운** 불평을 가지고 미워한.

어휘 퀴즈 다음 뜻을 지닌 낱말을 찾아 ✔표 하세요.

❶ 나무를 파서 만든 것으로, 비가 오는 날 신는 신발.

☐ 고무신　　☐ 나막신　　☐ 짚신

❷ 흐리거나 궂은 날씨가 맑아지다.

☐ 괴다　　☐ 개다　　☐ 기다

1 이 글에서 일이 일어난 때가 옛날임을 알 수 있는 말은 무엇인가요? (　　　)

① 여름 　　　　② 부채 　　　　③ 큰아들

④ 빗줄기 　　　⑤ 나막신 장사

2주·5일

2 ㉠이 뜻하는 것은 무엇인가요? (　　　)

① 비가 오지 않기를 바라는 마음

② 두 아들이 싸우지 않기를 바라는 마음

③ 두 아들의 장사가 잘되기를 바라는 마음

④ 두 아들이 빨리 돌아오기를 바라는 마음

⑤ 두 아들이 과거 시험에 합격하기를 바라는 마음

3 햇볕이 내리쬐자 어머니의 얼굴이 어두워진 까닭은 무엇인가요? (　　　)

① 햇볕에 얼굴이 까맣게 그을려서

② 두 아들이 장사를 망칠까 봐 걱정되어서

③ 큰아들의 부채가 팔리지 않을 것 같아 걱정되어서

④ 두 아들이 더위 때문에 고생할 것 같아 걱정되어서

⑤ 작은아들의 나막신이 팔리지 않을 것 같아 걱정되어서

30초 요약

4 다음 빈칸에 알맞은 말을 넣어 "부채와 나막신"의 핵심 내용을 한 문장으로 요약하세요.

어머니는 비가 오면 큰아들의 □□가 안 팔릴까 봐, 날이 맑으

면 작은아들의 □□□이 안 팔릴까 봐 걱정하였습니다.

은혜를 갚은 까치

선비가 숨이 막혀 눈을 뜨자 선비의 몸을 감고 있던 구렁이가 소리쳤어.

"오늘 낮에 네가 죽인 구렁이가 내 남편이야. 남편의 원수를 갚을 것이다!"

선비는 손이 발이 되도록 싹싹 빌었어.

"한번만 살려 주시오! 고향에 계신 부모님이 나를 기다리고 있소!"

"그렇다면 기회를 주겠다. 날이 밝기 전까지 저 산 위의 종이 세 번 울리면, 너를 살려 주마. 하지만 종이 울리지 않으면 너를 잡아먹을 거야."

구렁이는 말을 마치자마자 어디론가 스르르 사라졌어.

"이 한밤중에 누가 저 산꼭대기의 종을 칠 수 있겠어? 이렇게 죽는구나."

선비는 고향에 계신 어머니를 생각하며 눈물을 흘렸어.

드디어 날이 밝기 시작했어. 약속한 대로 구렁이가 나타나 선비를 잡아먹으려고 입을 쩍 벌렸지. 바로 그때였어.

"땡! 땡! 땡!"

산꼭대기에서 종소리가 세 번 울리는 거야. 구렁이는 분한 표정을 지으며 사라졌어. 선비는 종을 친 사람이 누구인지 궁금해서 산꼭대기로 달려갔어.

"아, 이럴 수가!"

그곳에는 엄마 까치가 머리로 종을 치다가 그대로 쓰러져 죽어 있었어. 어제 선비가 구렁이에게 활을 쏘아 새끼 까치들을 구해 준 은혜를 갚은 거야.

어휘 뜻

- **구렁이** 길고 몸통이 굵은 뱀.
- **원수** 원한이 맺힐 정도로 자기에게 해를 끼친 사람이나 집단.
- **기회(機** 틀 기, **會** 모일 회) 어떠한 일을 하는 데 적절한 시기나 경우.

작품의 전체 줄거리

선비가 새끼 까치들을 잡아 먹으려는 구렁이에게 활을 쏘아 새끼 까치를 구함.

날이 어두워지자 선비는 여인으로 변신한 구렁이 집에서 하룻밤을 묵게 됨.

수록지문 구렁이는 산꼭대기의 종이 세 번 울리면 선비를 살려 주겠다고 함.

종이 울리자 구렁이가 사라졌고, 선비는 종을 치다 죽은 엄마 까치를 발견함.

어휘 퀴즈 다음 뜻을 지닌 낱말을 찾아 ✔표 하세요.

❶ 될 듯한 일이 되지 않아 섭섭하고 아깝다.

☐ 상쾌하다   ☐ 뿌듯하다   ☐ 분하다

❷ 남에게 베푸는 매우 고마운 일.

☐ 원수   ☐ 약속   ☐ 은혜

5 이 글의 내용으로 보아, 선비가 낮에 한 일은 무엇일까요? (   )

① 구렁이에게 먹이를 던져 주었다.
② 산 위에 있는 종을 세 번 울렸다.
③ 덫에 걸린 구렁이를 구해 주었다.
④ 고향에 계신 어머니를 찾아뵈었다.
⑤ 새끼 까치를 잡아먹으려던 구렁이를 죽였다.

2주 · 5일

6 선비가 구렁이에게 잡아먹히지 않으려면 어떤 일이 일어나야 하는지 빈칸에 알맞은 말을 써넣으세요.

• 날이 (   ) 전에 (   ) 한다.

7 다음 중 산 위의 종을 세 번 울린 인물은 누구인지 찾아 ○표 하세요.

▲ 선비   ▲ 구렁이   ▲ 엄마 까치

(1) (   )   (2) (   )   (3) (   )

30초 요약

8 다음 빈칸에 알맞은 말을 넣어 "은혜를 갚은 까치"의 핵심 내용을 한 문장으로 요약하세요.

[ ][ ][ ][ ] 가 선비에게 [ ][ ] 를 갚기 위해 산

위의 [ ] 을 치고 쓰러져 죽었습니다.

1 다음 주황색으로 쓴 낱말의 뜻을 찾아 ○표 하세요.

(1)
> 선생님께서는 나를 바른길로 인도하셨다.

① 이끌어 지도함. ( )
② 아시아 남부, 인도반도 대부분을 차지하는 나라. ( )

(2)
> 대감이 종에게 농사일을 시켰다.

① 예전에, 남의 집에 딸려 천한 일을 하던 사람. ( )
② 어떤 시간을 알리거나 신호를 하기 위하여 흔들어 소리를 내는 기구.
( )

(3)
> 조선 시대에는 과거를 통해 뛰어난 사람이 많이 나왔다.

① 지나간 일이나 생활. ( )
② 옛날, 우리나라와 중국에서 관리를 뽑을 때 실시하던 시험. ( )

2 다음은 낱말의 뜻을 국어사전에서 찾은 것입니다. 알맞게 채워 완성하세요.

(1)
규칙: 한 조직에 속한 여러 사람이 다 같이 지키기로 정한 | 법 | ㅊ |.

(2)
묻다: 무엇을 | ㅎ |이나 다른 물건 속에 넣어 안 보이게 덮다.

(3)
은혜: 남에게 베푸는 매우 | ㄱ | 마 | ㅇ | 일.

3 다음 설명 내용을 생각하며 (　　)에 들어갈 알맞은 낱말에 밑줄 그으세요.

> 젖다: 물이 배어 축축하게 되다.
> 졌다: 내기나 시합, 싸움 따위에서 재주나 힘을 겨루어 상대에게 꺾였다.
> 젓다: 배나 맷돌 따위를 움직이기 위하여 노나 손잡이를 일정한 방향으로 계속 움직이다.

(1) 훈이가 힘껏 노를 (젖다 / 졌다 / 젓다).

(2) 땅이 이슬에 축축하게 (젖어 / 졌어 / 젓어) 있네.

(3) 가을 운동회에서 백군이 청군에게 (젖다 / 졌다 / 젓다).

4 다음 빈칸에 들어갈 가장 알맞은 낱말을 •보기•에서 찾아 써넣으세요.

> •보기•
>
> 편안한　　　　조마조마한　　　　축축한

(1) 예지가 [　　　　] 자세로 의자에 기대어 있다.

(2) 혜정이가 비를 맞아서 머리가 [　　　　] 것 같다.

(3) 수진이는 태풍이 온다는 소식에 [　　　　] 마음이 들었다.

5 다음 밑줄 그은 낱말을 맞춤법에 맞게 고쳐 쓰세요.

(1) 숲속 나무의 <u>풀입</u>이 푸르다. ➡ [　][　]

(2) 맨발로 걸으면 발에 <u>닫는</u> 흙이 보드랍게 느껴진다. ➡ [　][　]

(3) 우리 가족은 식사 준비를 할 때 각자 맡은 <u>역활</u>이 있다. ➡ [　][　]

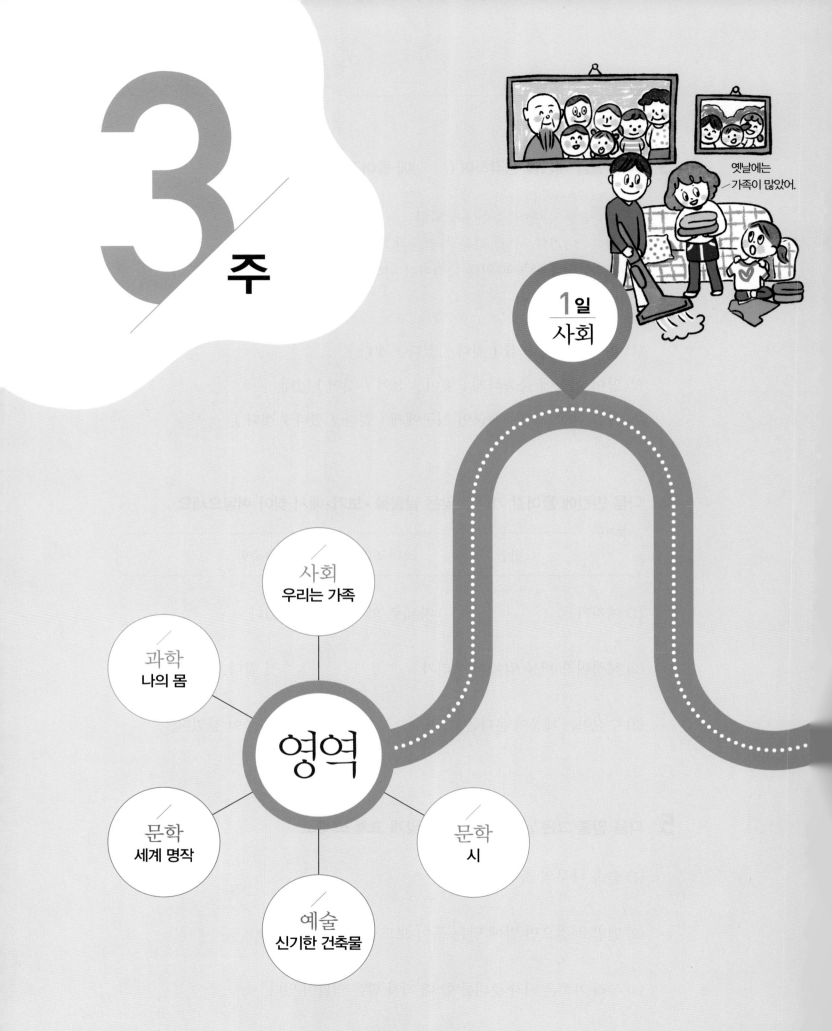

3주

1일
사회

옛날에는
가족이 많았어.

영역

사회
우리는 가족

과학
나의 몸

문학
세계 명작

예술
신기한 건축물

문학
시

지문 분석 강의

1 일 가족의 역할이 변했어요

옛날이나 오늘날이나 사람들은 결혼을 하여 가족을 이루며 살고 있어요. 그리고 가족 내에서 각자 맡은 역할을 하며 서로 돕고 살고 있지요. 그런데 옛날과 오늘날에는 가족의 역할이 달랐어요.

옛날에는 남녀가 하는 집안일이 대체로 정해져 있었어요. 또 부모가 결혼한 자녀들과 함께 사는 경우가 많았고, 자식도 많이 낳아서 대가족을 이루며 살았어요. 그래서 할아버지가 가족의 중요한 일을 결정했어요. 그러면 다른 사람은 군말 없이 따라야 했지요. 할머니는 주로 손주들을 돌보고, 아버지는 농사를 짓거나 장사를 했어요. 어머니는 빨래, 밥하기, 바느질 등의 일을 했지요.

오늘날에는 집안일에서 남녀의 구분이 없어졌어요. 오늘날에는 부부와 자녀만 사는 집이 많고, 자녀 수도 한두 명으로 줄었어요. 그리고 집안일을 가족이 함께 하는 경우가 많아졌어요. 또, 개인의 의견을 소중하게 생각하는 사회 분위기에 따라 가족의 중요한 일을 아버지가 혼자 결정하는 것이 아니라 가족 모두가 의논하여 결정하는 경우가 많아졌지요.

어휘 뜻
- 손주 손자와 손녀를 아울러 이르는 말.
- 의논(議 의논할 의, 論 논할 론) 어떤 일에 대하여 서로 의견을 주고받음.

어휘 퀴즈 다음 뜻을 지닌 낱말을 찾아 ✔표 하세요.

1 식구 수가 많은 가족.

☐ 핵가족　　　☐ 소가족　　　☐ 대가족

2 하지 않아도 좋을 쓸데없는 군더더기 말.

☐ 참말　　　☐ 군말　　　☐ 연설

1 옛날과 오늘날 가족의 같은 점을 두 가지 고르세요. (　, 　)

① 집안일은 모두 여자가 한다.

② 결혼을 하여 가족을 이룬다.

③ 각자 맡은 역할을 하며 서로 돕는다.

④ 주로 어머니가 농사를 짓는 일을 한다.

⑤ 남녀가 하는 집안일이 엄격하게 정해져 있다.

2 옛날 가족의 역할이 무엇인지 알맞게 선으로 이으세요.

(1) ◀ 할아버지 　·

(2) ◀ 할머니 　·

(3) ◀ 아버지 　·

(4) ◀ 어머니 　·

· ㉮ 손주 돌보기

· ㉯ 가족의 중요한 일 결정하기

· ㉰ 농사를 짓거나 장사하기

· ㉱ 빨래, 밥하기, 바느질 등의 일을 하기

3 오늘날에는 가족의 중요한 일을 누가 결정하는지 이 글에서 찾아 쓰세요.

(　　　　　　　)

🕐 **30초 요약**

4 다음 빈칸에 알맞은 말을 넣어 "가족의 역할이 변했어요"의 핵심 내용을 한 문장으로 요약하세요.

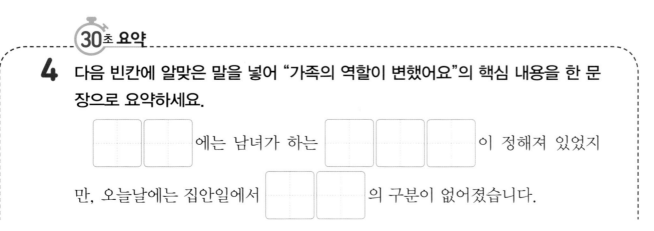

☐☐ 에는 남녀가 하는 ☐☐☐ 이 정해져 있었지만, 오늘날에는 집안일에서 ☐☐ 의 구분이 없어졌습니다.

사촌 동생의 돌잔치

날짜	20○○년 ○○월 ○○일	날씨	맑음

부모님과 함께 사촌 동생의 돌잔치에 다녀왔다. 돌잔치는 아기가 태어난 지 일 년이 되는 날에 치르는 잔치인데, 옛날부터 우리나라에서 해 오던 가족 행사 중에 하나이다.

돌잔치를 하는 장소에 가니 할아버지와 할머니, 작은아버지와 작은어머니, 고모와 고모부 등의 　㉠　 도 와 계셨다. 나는 고개 숙여 인사를 드렸다.

돌상에는 백설기, 무지개떡, 수수팥떡과 과일 등 여러 가지 음식이 놓여 있었다. 백설기는 '하얀 눈처럼 순수하게 자라라.'는 마음을, 무지개떡은 '아기의 꿈이 무지개처럼 피어나라.'는 마음을, 수수팥떡은 '나쁜 일을 당하지 않고 건강하게 자라라.'는 마음을 담았다고 한다.

얼마쯤 지나자 사회자가 '돌잡이'를 했다. 돌상 위에 쌀, 돈, 붓, 책, 실 등이 놓여 있었다. 돌잡이에서 아기가 어느 것을 고르는지에 따라 그 아이의 미래를 점칠 수 있다고 한다. 사촌 동생이 실을 잡자 어른들은 "고 녀석, 오래 살겠구나!" 하며 좋아하셨다. 고모부께서는 "책을 잡아야 공부를 잘할 텐데." 하며 안타까워하셨다.

오랜만에 친척들을 만나 좋았고, 돌잔치 때 나의 모습이 궁금해졌다.

어휘 뜻

- **행사(行** 다닐 행, **事** 일 사) 여럿이 어떤 목적과 계획을 가지고 모임이나 절차를 진행하는 것. 또는 그러한 큰일.
- **순수(純** 순수할 순, **粹** 순수할 수)하게 욕심이나 못된 생각이 없게.
- **점칠** 앞날의 잘되고 못됨을 미리 점으로 알아봄.

어휘 퀴즈 다음 뜻을 지닌 낱말을 찾아 ✔표 하세요.

❶ 돌날에 돌잡이할 때 차려 놓는 상.

☐ 백일상　　　☐ 돌상　　　☐ 책상

❷ 비가 그쳤을 때, 해의 반대쪽 하늘에 나타나는 일곱 가지 색깔의 빛.

☐ 무지개　　　☐ 우박　　　☐ 그림자

5 ㉠에 들어갈 알맞은 말을 찾아 밑줄 그으세요.

(이웃 , 친척 , 왕족)

6 다음 표의 빈칸에 알맞은 말을 써넣으세요.

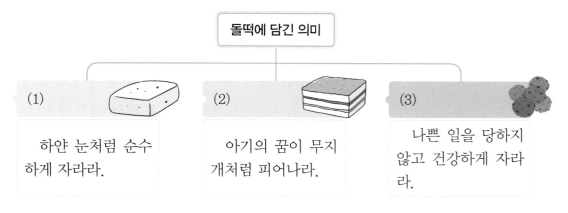

돌떡에 담긴 의미

(1) 하얀 눈처럼 순수하게 자라라.

(2) 아기의 꿈이 무지개처럼 피어나라.

(3) 나쁜 일을 당하지 않고 건강하게 자라라.

3주 · 1일

7 다음 중 돌잡이에 대한 설명으로 알맞은 것을 두 가지 찾아 기호를 쓰세요.

㉮ 돌잡이 모습은 부모만 지켜볼 수 있다.
㉯ 아기가 태어난 지 일 년이 되는 날에 한다.
㉰ 돌잡이에서 실을 잡으면 아기가 오래 산다고 믿었다.
㉱ 돌잡이에서 책을 잡으면 아기가 부자가 된다고 믿었다.

( ), ( )

30초 요약

8 다음 빈칸에 알맞은 말을 넣어 "사촌 동생의 돌잔치"의 핵심 내용을 한 문장으로 요약하세요.

돌잔치를 하면 친척들이 모이고, 여러 가지 음식으로 [ ][ ]을 차리며, [ ][ ][ ]를 하여 아이의 미래를 점치기도 합니다.

지문 분석 강의

촉각이 하는 일

과학
/ 나의 몸

　얼음을 만지면 차갑고, 가시에 찔리면 따갑다는 것을 어떻게 알 수 있을까요? 그건 우리 몸에 촉각이 있기 때문이에요.

　촉각은 피부에서 느껴지는 감각을 말해요. 촉각은 우리에게 세상을 알려 주기도 하고, 우리 몸을 보호해 주기도 해요.

　우리는 눈으로 보지 않고 만지기만 해도 물체의 모양과 상태를 알 수 있어요. 둥근지 뾰족한지, 단단한지 부드러운지 말이에요. 그건 피부에 감각점이 있기 때문이에요. 피부는 이 감각점을 통해서 피부에 닿는 것이 무엇인지 알아내지요.

　감각점은 온몸에 퍼져 있어요. 감각점이 유난히 많이 몰려 있는 곳이 있는데 그중의 하나가 발바닥이에요. 신발에 작은 모래알만 들어가도 금방 알 수 있는 건 발바닥에 감각점이 아주 많기 때문이에요.

　그리고 우리 몸에 뜨거운 물체가 닿으면 감각점이 뜨거움을 느끼자마자 뇌에게 신호를 보내요. 그러면 뇌가 뜨거운 물체에서 재빨리 몸을 떼게 만들지요. 그래서 우리가 몸을 데지 않을 수 있는 거예요.

어휘 뜻
- **감각(感** 느낄 감, **覺** 깨달을 각) 눈, 코, 귀, 혀, 살갗을 통해 바깥의 어떤 자극을 알아차림.
- **감각점** 피부에 흩어져 있으면서 자극이나 온도를 느끼는 자리.
- **유난히** 말이나 행동 또는 상태가 보통과 아주 다르게.

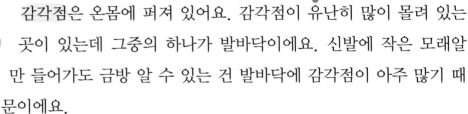

어휘 퀴즈 다음 뜻을 지닌 낱말을 찾아 ✓표 하세요.

1 물건이 피부에 닿아서 느껴지는 감각.
　☐촉각　　　☐미각　　　☐후각

2 불이나 뜨거운 기운으로 살이 상하다. 또는 그렇게 하다.
　☐식다　　　☐차다　　　☐데다

1 다음 중 촉각이 하는 일을 두 가지 고르세요. (　　,　　)

① 우리 몸을 보호하기

② 위나 장에서 소화를 돕기

③ 발바닥을 부드럽게 해 주기

④ 우리에게 세상을 알려 주기

⑤ 땀을 흡수해 체온 조절하기

3주·2일

2  왼쪽 그림의 친구가 선인장을 만지고 따가움을 느낀 까닭은 무엇일까요? 다음 빈칸에 세 글자로 된 낱말을 써넣으세요.

• 피부에 (　　　　　　　　　　　)이 있기 때문이다.

3 이 글의 내용을 바르게 이해한 친구를 모두 찾아 ◯표 하세요.

우리 몸에서 촉각을 느끼는 곳은 손과 발뿐이구나.

뜨거운 물건을 만졌을 때 감각점이 바로 뇌에 알려 주는구나.

발바닥에는 감각점이 많아서 예민하게 알아차릴 수 있는 거구나.

(1) (　　　　) (2) (　　　　) (3) (　　　　)

⏱ **30**초 요약

4 다음 빈칸에 알맞은 말을 써넣어 "촉각이 하는 일"의 핵심 내용을 한 문장으로 요약하세요.

　　　　은 우리에게 　　　　을 알려 주기도 하고, 우리

　　　을 보호해 주기도 합니다.

코

안녕? 나는 코야. 얼굴의 가운데에 있어서 금방 눈에 띄지.

너희는 콧속을 들여다본 적이 있니? 콧속에는 코털이 빽빽하게 나 있어. 이 코털에는 미끈한 액체가 묻어 있어서 숨을 들이쉴 때 공기에 묻어 있는 먼지들을 달라붙게 해. 이것들이 마르면 코딱지가 된단다.

콧속에는 '비갑개'라는 것이 있어. 비갑개는 코에 차가운 공기가 들어오면 따뜻한 공기로 바꿔서 허파로 보내고, 뜨거운 공기가 들어오면 식혀서 허파로 보내. 그리고 너무 습기가 없이 건조한 공기가 들어오면 습기를 머금은 공기로 바꿔서 허파로 보내지. 너무 차갑거나 뜨거운 공기가 바로 허파로 가면 허파가 다칠 수도 있어서 온도를 조절하는 셈이야.

코는 냄새를 맡는 역할도 해. 냄새를 맡지 못한다면 음식 맛도 느낄 수가 없어. 코를 막고 양파를 먹어 봐. 매운맛을 전혀 느낄 수가 없단다. 코로 약일 만 가지나 되는 냄새를 구별할 수 있다니 정말 놀랍지?

참! 코감기에 걸리면 콧물이 계속해서 나올 거야. 그 많은 콧물이 왜 나오는지 궁금했지? 나쁜 병균이 코로 들어와 상처를 내면 이 병균을 없애려고 평소보다 더 많은 콧물이 흘러나오는 거야.

이제 코에 대해 많이 알았지? 나를 더 아끼고 사랑해 주길 바랄게.

어휘 뜻

● **허파** 가슴안의 양쪽에 있는, 호흡을 하는 기관.

● **습기**(濕 젖을 습, 氣 기운 기) 물기가 많아 젖은 듯한 기운.

● **머금은** 사물의 어떤 기운을 안에 품은.

● **상처**(傷 다칠 상, 處 곳 처) 몸을 다쳐서 아픈 자리.

어휘 퀴즈 다음 뜻을 지닌 낱말을 찾아 ✔표 하세요.

❶ 말라서 습기가 없음.

☐ 고온　　　☐ 다습　　　☐ 건조

❷ 병이 생기게 하는 균.

☐ 소독　　　☐ 병균　　　☐ 콧물

5 이 글에서 가장 중요하게 설명한 것은 무엇인가요? (   )

① 코의 모양

② 코가 하는 일

③ 허파가 하는 일

④ 콧물이 멈추는 까닭

⑤ 코감기에 걸리는 까닭

3주
·
2일

6 다음 그림에서 콧속으로 들어온 공기의 온도를 조절하는 역할을 하는 것은 무엇인지 찾아 기호를 쓰세요.

ㄱ 콧등

ㄴ 비갑개

ㄷ 입술

(   )

7 이 글의 내용으로 알맞으면 ○표, 알맞지 않으면 ×표 하세요.

(1) 콧물은 병균을 없애는 역할을 한다. (   )

(2) 코를 막고 양파를 먹으면 더 맵게 느껴진다. (   )

(3) 코털을 모두 깨끗하게 없애야 건강에 좋다. (   )

(4) 코는 일 만 가지나 되는 냄새를 구별할 수 있다. (   )

30초 **요약**

8 다음 빈칸에 알맞은 말을 넣어 "코"의 핵심 내용을 한 문장으로 요약하세요.

코는 공기 중의 [   ][   ]를 걸러 주고, [   ][   ]의 온도나 습

도를 조절하여 허파로 보내며, [   ][   ]를 맡는 등의 역할을 합니다.

문학
/ **세계 명작**

벌거숭이 임금님

안데르센

두 거짓말쟁이가 옷이 완성되었다며 임금님을 찾아왔다. 임금님은 새 옷이 눈에 보이지 않았지만 아무렇지도 않은 듯이 태연한 얼굴로 말했다.

"정말 멋진 옷이오. 그동안 수고 많았소."

신하들도 한결같은 목소리로 새 옷을 칭찬했다.

㉠"정말 아름다운 옷입니다. 하늘의 천사도 이런 옷은 입지 못할 것입니다."

그러자 두 거짓말쟁이는 임금님에게 옷을 입히는 시늉도 하고 단추를 잠그는 시늉도 했다. 임금님은 새 옷을 입고 밖으로 나갔다. 사람들이 임금님의 행차를 보기 위해 길거리로 몰려들었다.

"저것이 슬기로운 사람에게는 보이나, 바보에게는 보이지 않는 옷감으로 만든 옷인가 봐!"

"정말 멋진 옷이로군! 생전 처음 보는 옷이야!"

사람들은 아무것도 안 보이는데도 거짓말을 했다. 옷이 보이지 않는다고 하면 남들이 바보라고 놀릴 것 같았기 때문이다.

그때, 임금님의 행차를 보던 아이가 소리쳤다.

"아하하하, 임금님은 벌거숭이다. 아무것도 안 입으셨다!"

그러자 여기저기에서 사람들이 수군거리기 시작했다.

"사실은 내 눈에도 아무것도 입지 않은 벌거숭이로 보여요."

어휘 뜻

- **한결같은** 처음부터 끝까지 변함없이 꼭 같은.
- **행차**(行 갈 행, 次 버금 차) 웃어른이 차리고 나서서 길을 감. 또는 그때 이루는 줄.
- **생전**(生 살 생, 前 먼저 전) 살아 있는 동안.
- **수군거리기** 남이 알아듣지 못하도록 낮은 목소리로 자꾸 가만가만 이야기하기.

작품의 전체 줄거리

옷을 좋아한 임금님에게 세상에서 가장 아름다운 옷을 만든다는 두 사람이 찾아옴.	두 사람은 바보에게는 보이지 않는 신기한 옷을 만들겠다고 임금님을 속임.	**수록지문** 임금님과 신하는 두 사람이 만든 옷이 눈에 보이지 않았지만 칭찬함.	임금님은 행차하던 중에 벌거숭이라는 말을 듣고 자신이 속은 것을 알게 됨.

어휘 퀴즈 다음 뜻을 지닌 낱말을 찾아 ✔표 하세요.

❶ 당황스러운 상황에서 아무렇지도 않은 듯이 행동하다.

☐ 의젓하다　　☐ 태연하다　　☐ 소스라치다

❷ 어떤 모양이나 움직임을 흉내 내어 꾸미는 짓.

☐ 숭늉　　☐ 시늉　　☐ 사실

1 신하들이 ㉠과 같이 임금님의 새 옷을 칭찬한 까닭은 무엇일까요? (　　　)

① 두 거짓말쟁이가 무서워서

② 옷이 정말 화려하고 멋져서

③ 자신들도 새 옷을 입고 싶어서

④ 두 거짓말쟁이가 실망할까 봐 걱정되어서

⑤ 옷이 안 보인다고 하면 바보라고 놀림을 받을 것 같아서

2 이 이야기에서 진실을 말한 사람은 누구인지 찾아 ○표 하세요.

▲ 임금님　　　　　　▲ 두 거짓말쟁이　　　　　　▲ 아이

(1) (　　　)　　　　(2) (　　　)　　　　(3) (　　　)

3 이 이야기의 주제와 가장 관련 있는 속담은 무엇인가요? (　　　)

① 백지장도 맞들면 낫다.

② 우물에 가 숭늉 찾는다.

③ 입은 비뚤어져도 말은 바로 해라.

④ 길고 짧은 것은 대어 보아야 안다.

⑤ 밤말은 쥐가 듣고 낮말은 새가 듣는다.

🕐**30**초 요약

4 다음 빈칸에 알맞은 말을 넣어 "벌거숭이 임금님"의 핵심 내용을 한 문장으로 요약하세요.

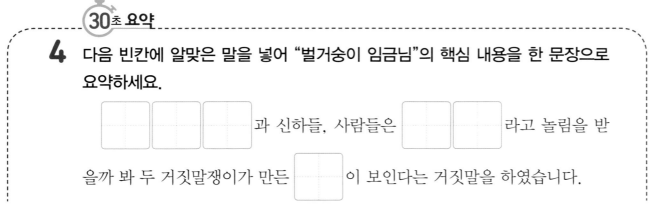

　　　과 신하들, 사람들은 　　　라고 놀림을 받을까 봐 두 거짓말쟁이가 만든 　이 보인다는 거짓말을 하였습니다.

새들의 왕 뽑기

이솝

며칠 후, 새들이 동굴 앞에 모였습니다.

"어떤 새가 왕이 되면 좋을지 의견이 있으면 말해 주시기 바랍니다."

두루미 할아버지가 말하자, 공작새가 멋진 자태를 뽐내며 말했습니다.

"새들의 왕은 무엇보다도 아름다워야 해요. 아름다운 새라면 바로 저 예요."

공작새가 아름다운 날개를 활짝 펴자 여기저기에서 탄성이 흘러나 왔습니다.

"공작새를 왕으로 모십시다!"

누군가 이렇게 외치자 가만히 보고만 있던 까마귀가 끼어들었습니다.

"공작새야, 너는 무척 아름다워. 세상에서 너만큼 아름다운 새는 없 을 거야. 하지만 무서운 동물들이 우리를 공격할 때는 어떻게 할 거지? 그때도 날개를 펴 보이며 우리를 지킬 거니?"

"그, 그건……."

공작새는 아무 말도 하지 못하고 얼버무렸습니다.

"까마귀의 말이 맞아요. 아름다움만으로 왕이 될 수는 없습니다. 여러분, 우리를 다스릴 수 있는 왕은 진정으로 우리를 위할 수 있어야 합니다. 다음 에 다시 모이도록 하겠습니다."

두루미 할아버지의 말에 새들은 새로운 왕에 대해 다시 생각하게 되었습니다.

작품의 전체 줄거리

독수리 왕이 강한 힘으로 새들을 무섭게 다스리자 새들의 불만이 많아짐.	독수리 왕이 사냥꾼의 화살에 맞아 죽자 새들은 독수리 왕이 죽은 것을 기뻐함.	새들은 새로운 왕을 뽑기로 하고 누가 왕이 되면 좋을지 생각함.	**수록지문** 공작새를 왕으로 뽑으려던 새들은 까마귀의 말에 다시 생각하게 됨.

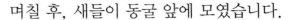

어휘 뜻

● **의견**(意 뜻 의, 見 볼 견) 어떤 대상에 대 하여 가지는 생각.

● **자태**(姿 모양 자, 態 모 습 태) 어떤 모습이 나 모양.

● **진정**(眞 참 진, 正 바를 정)**으로** 거짓이 없이 참으로.

 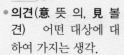

어휘 퀴즈 다음 뜻을 지닌 낱말을 찾아 ✔표 하세요.

❶ 몹시 감탄하는 소리.

☐ 비웃음　　　☐ 탄성　　　☐ 조용

❷ 말이나 행동을 분명하지 않게 대충 하다.

☐ 공격하다　　　☐ 얼버무리다　　　☐ 당당하다

5 새들이 동굴 앞에 모인 까닭은 무엇인가요? (   )

① 새들의 왕을 뽑으려고
② 동굴 입구를 막으려고
③ 각자 자신의 날개를 뽐내려고
④ 새들의 왕에게 선물을 주려고
⑤ 동굴 속에 새로운 보금자리를 마련하려고

3주 · 3일

6 다음과 같은 의견을 말한 인물은 누구인지 찾아 쓰세요.

> 새들의 왕은 아름다워야 하므로 자신이 왕이 되어야 한다.

(   )

7 두루미 할아버지가 생각한, 왕의 조건은 무엇인가요? (   )

① 힘이 세어야 한다.
② 식량을 잘 구해 와야 한다.
③ 진정으로 새들을 위해야 한다.
④ 다른 동물과 친하게 지내야 한다.
⑤ 아름답고 화려한 날개가 있어야 한다.

⏱ **30초 요약**

8 다음 빈칸에 알맞은 말을 넣어 "새들의 왕 뽑기"의 핵심 내용을 한 문장으로 요약하세요.

☐ 들은 왕을 뽑기 위해 모였다가 진정으로 새들을 위할 수 있는

☐ 이 누구일지 다시 생각하게 되었습니다.

지문 분석 강의

예술
／ 신기한 건축물

한옥, 이래서 좋아요

아나운서: 오늘은 한옥 박사님을 모시고 우리의 전통 집인 한옥에 대해 알아 보겠습니다. 박사님, 한옥과 요즘 집의 다른 점에는 무엇이 있을까요?

한옥 박사: 요즘 집은 시멘트나 유리, 나무로 짓지만 한옥은 흙, 짚, 돌, 나무 등 주변에서 쉽게 구할 수 있는 것들로 지어요. 그리고 요즘 집은 여러 층 으로 되어 있고 화장실이 집 안에 있지만 한옥은 1층으로 되어 있고 화장실 이 집 밖에 있지요.

아나운서: 한옥의 문에는 창호지를 바르죠? 창호지의 좋은 점은 뭔가요?

한옥 박사: 창호지를 바르면 바람이 잘 통하고, 햇빛이 적당히 집 안으로 들 어와서 사람들의 건강에 좋습니다.

아나운서: 한옥 지붕의 처마의 역할은 뭔가요?

한옥 박사: 처마는 비바람을 막아 줄 뿐만 아니라 햇빛이 바로 들어오는 것을 막아 줍니다. 또 처마 밑의 공기가 움직이면서 추위와 더위를 느슨하게 완 화시키는 역할도 하지요.

아나운서: 한옥의 특징에는 또 어떤 것 이 있을까요?

한옥 박사: 방을 따뜻하게 해 주는 장치 인 온돌이지요. 아궁이에 불을 때면 그 열기가 방 안을 따뜻하게 할 뿐만 아니 라 아궁이에서 밥도 지을 수 있어요.

어휘

- **창호지** 주로 문을 바 르는 데 쓰는 얇은 종 이.
- **장치** 어디에 붙어서 일정한 일을 하도록 만든 기계.
- **온돌**(溫 따뜻할 온, 突 갑자기 돌) 불기운이 방 밑을 통과하여 방 을 덥히는 장치.
- **아궁이** 방이나 솥 따 위에 불을 때기 위하 여 만든 구멍.

아궁이 부뚜막

어휘 퀴즈 다음 뜻을 지닌 낱말을 찾아 ✔표 하세요.

❶ 긴장된 상태나 급박한 것을 느슨하게 함.
　□압박　　　　□억제　　　　□완화

❷ 뜨거운 기운.
　□냉기　　　　□열기　　　　□식기

1 한옥의 특징으로 알맞은 것을 두 가지 고르세요. (,   )

① 2~3층으로 지어졌다.

② 문에 창호지를 바른다.

③ 집 안에 화장실이 있다.

④ 시멘트, 나무, 돌 등으로 지어졌다.

⑤ 방을 따뜻하게 해 주는 온돌이 있다.

2 한옥에서 비바람과 햇빛이 바로 들어오는 것을 막아 주는 것은 무엇인지 쓰세요.

(   )

3 이 대화에서 한옥 박사가 말하려는 것은 무엇인가요? (   )

① 한옥은 좋은 점이 많다.

② 한옥은 살기에 불편하다.

③ 앞으로 한옥만 많이 지어야 한다.

④ 한옥이 사라져 가고 있어 안타깝다.

⑤ 한옥을 관광 상품으로 개발해야 한다.

30초 요약

4 다음 빈칸에 알맞은 말을 넣어 "한옥, 이래서 좋아요"의 핵심 내용을 한 문장으로 요약하세요.

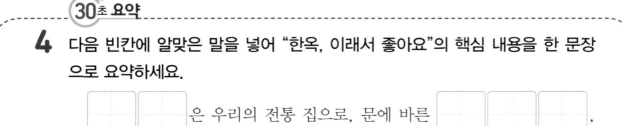

□□ 은 우리의 전통 집으로, 문에 바른 □□□,

지붕의 처마, □□ 이 있어 좋은 점이 많습니다.

예술
/ **신기한 건축물**

옛날 냉장고, 석빙고

요즘은 집집마다 냉장고가 있어서 언제든지 얼음을 먹을 수 있어요. 그런데 냉장고가 없던 옛날에도 얼음을 먹었다는 것을 알고 있나요?

우리 조상들은 겨울에 강이 꽁꽁 얼면 얼음을 잘라 창고에 보관했다가 한여름에 꺼내 먹었어요. 이 얼음 창고를 석빙고라고 해요.

석빙고는 땅을 깊게 파고 그 위에 돌을 쌓은 뒤 흙을 덮어 만들었어요. 밖에서 보면 마치 무덤처럼 보여요. 빗물이 새는 것을 막기 위해 진흙을 바르고, 바닥은 경사지게 만들어서 얼음이 녹아서 생긴 물이 잘 빠지도록 했어요. 석빙고 위에는 굴뚝처럼 생긴 환기구를 만들어 얼음이 녹는 것을 막았어요. 더운 공기는 위로 떠오르는 성질이 있는데, 석빙고로 더운 공기가 들어오면 이 환기구를 통해 밖으로 빠져나갔기 때문이에요.

석빙고에 얼음을 쌓을 때에는 얼음과 벽 사이에 짚을 넣었어요. 짚은 밖에서 들어오는 열기를 막아 주어 얼음이 잘 녹지 않았어요.

그런데 옛날에 모든 사람이 얼음을 사용할 수 있었던 것은 아니에요. 얼음이 매우 귀하고 비쌌기 때문에 주로 왕실 사람들과 양반들, 물건을 보관하기 위한 일부 장사꾼 등만 얼음을 사용할 수 있었답니다.

▲ 경주 석빙고

▲ 석빙고 내부

어휘 뜻

● **보관**(保 지킬 보, 管 대롱 관)**했다가** 물건을 맡아서 간직하고 관리했다가.

● **환기구**(換 바꿀 환, 氣 기운 기, 口 입 구) 탁한 공기를 맑은 공기로 바꾸거나 온도 조절을 하기 위하여 만든 구멍.

● **짚** 벼, 보리, 밀, 조 따위의 이삭을 떨어낸 줄기와 잎.

● **왕실**(王 임금 왕, 室 집 실) 임금의 집안.

어휘 퀴즈 다음 뜻을 지닌 낱말을 찾아 ✔표 하세요.

1 더위가 한창인 여름.

　☐한겨울　　　☐한여름　　　☐초가을

2 땅이나 바닥 따위가 한쪽으로 비스듬히 기울어지게.

　☐곧게　　　☐경사지게　　　☐비탈 없이

5 이 글에서 설명한 내용이 <u>아닌</u> 것은 무엇인가요? (   )

① 석빙고를 만드는 방법

② 석빙고와 냉장고의 차이점

③ 석빙고에서 얼음을 꺼내 먹은 때

④ 석빙고의 얼음이 잘 녹지 않는 까닭

⑤ 옛날에 얼음을 사용할 수 있었던 사람

6 석빙고의 바닥을 경사지게 만든 까닭은 무엇인가요? (   )

① 땅을 깊게 파기 위해서

② 얼음을 쉽게 꺼내기 위해서

③ 얼음을 더 많이 쌓기 위해서

④ 물이 잘 빠지도록 하기 위해서

⑤ 더운 기운이 들어오지 못하게 하기 위해서

7 다음 중 옛날에 얼음을 사용하기 어려웠던 사람은 누구일까요? (   )

① ▲ 왕   ② ▲ 왕비   ③ ▲ 양반   ④ ▲ 서민(일반 백성)

30초 요약

8 다음 빈칸에 알맞은 말을 넣어 "옛날 냉장고, 석빙고"의 핵심 내용을 한 문장으로 요약하세요.

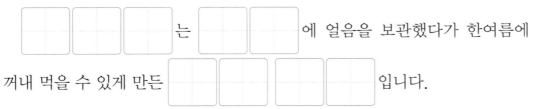

□□□는 □□에 얼음을 보관했다가 한여름에

꺼내 먹을 수 있게 만든 □□□□입니다.

문학
/ 시

수박씨

최명란

지문 분석 강의

아~함
동생이 하품을 한다
입 안이
㉠빨갛게 익은 수박 속 같다
충치는 까맣게 잘 익은 수박씨

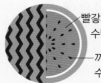
어휘 퀴즈 다음 뜻을 지닌 낱말을 찾아 ✔표 하세요.

1 수박의 씨앗.

☐ 수박 속　　☐ 수박 꽃　　☐ 수박씨

2 세균 따위의 영향으로 벌레가 파먹은 것처럼 이가 썩는 병. 또는 그 이.

☐ 양치　　☐ 충치　　☐ 치과

1 이 시는 어떤 모습을 보고 쓴 시인가요? (　　　)

① 아기가 잠자는 모습

② 동생이 하품을 하는 모습

③ 형이 이를 치료하는 모습

④ 동생이 수박을 먹는 모습

⑤ 어머니께서 수박을 자르시는 모습

2 ㉠은 무엇을 빗대어 표현한 것인가요? (　　　)

① 동생의 이

② 동생의 입 안

③ 붉게 보이는 눈

④ 빨갛게 잘 익은 사과

⑤ 빨갛게 달아오른 동생의 얼굴

3 이 시에서 충치와 수박씨의 닮은 점은 무엇인가요? (　　　)

① 크기　　　　② 모양　　　　③ 소리

④ 색깔　　　　⑤ 냄새

 요약

4 다음 빈칸에 알맞은 말을 넣어 "수박씨"의 핵심 내용을 한 문장으로 요약하세요.

하품을 하는 동생의 입 안은 빨갛게 익은  , 충치는

 와 닮았습니다.

문학 / 시

아침

김상련

뚜, 뚜.
나팔꽃이 일어나래요.

똑, 똑.
아침 이슬이 세수하래요.

방긋, 방긋.
아침 해가 노래하재요.

어휘 뜻

• **뚜뚜** 고동이나 기적, 나팔 따위가 잇따라 울리는 소리.

• **똑똑** 작은 물체나 물방울 따위가 잇따라 가볍게 아래로 떨어지는 소리. 또는 그 모양.

어휘 퀴즈 다음 뜻을 지닌 낱말을 찾아 ✔표 하세요.

❶ 공기 중의 수증기가 기온이 내려가거나 찬 물건에 부딪힐 때 생기는 물방울.
  ☐이슬　　　☐눈　　　☐우박

❷ 입을 예쁘게 약간 벌리며 소리 없이 가볍게 한 번 웃는 모양.
  ☐뚜뚜　　　☐똑똑　　　☐방긋

5 이 시에서 반복되는 말이 <u>아닌</u> 것은 무엇인가요? (   )

① 뚜   ② 똑   ③ 아침
④ 이슬   ⑤ 방긋

6 이 시에 대한 설명으로 알맞은 것을 두 가지 고르세요. (,   )

① 어둡고 우울한 분위기가 느껴진다.
② 같은 말이 반복되어 지루한 느낌을 준다.
③ '뚜, 뚜'를 읽으면 나팔 소리가 들리는 것처럼 느껴진다.
④ '똑, 똑'을 읽으면 풀잎과 이슬방울이 싸우는 것처럼 느껴진다.
⑤ '나팔꽃, 아침 이슬, 아침 해'를 사람처럼 표현한 것이 재미있다.

7 이 시를 읽고 떠오르는 장면을 알맞게 말한 친구는 누구인가요? (   )

① 준경: 해가 방긋 웃는 모습이 떠올라.
② 아름: 비가 세차게 내리는 모습이 떠올라.
③ 은지: 나팔꽃이 시들어 가는 모습이 떠올라.
④ 성현: 여러 가지 악기로 연주하는 모습이 떠올라.
⑤ 동건: 밤하늘에 별이 반짝반짝 빛나는 모습이 떠올라.

30초 요약

8 다음 빈칸에 알맞은 말을 넣어 "아침"의 핵심 내용을 한 문장으로 요약하세요.

아침이 되면 [   ][   ][   ]은 일어나라고, 아침 이슬은 [   ]

[   ]하라고, 아침 [   ]는 노래하자고 합니다.

1 다음 문장을 읽고, (　　)에 공통으로 들어갈 낱말을 완성하세요.

(1)
① 내일은 사촌 동생의 (　　)이다.
(뜻) 어린아이가 태어난 날로부터 한 해가 되는 날.

② 할머니께서는 밭에서 (　　)을 골라내셨다.
(뜻) 흙 따위가 굳어서 된 단단한 덩어리.

도

(2)
① 헌 집 줄게, (　　) 집 다오.
(뜻) 사용하거나 구입한 지 얼마 되지 아니한.

② (　　)가 나뭇가지에 나란히 앉아 있다.
(뜻) 몸에 깃털이 있고 다리가 둘이며, 하늘을 자유로이 날 수 있는 동물.

ㅅ

(3)
① 내 얼굴에는 (　　)이 많다.
(뜻) 사람 살에 있는, 작고 둥근 얼룩.

② 돌잡이는 아기의 미래를 (　　)치는 행사이다.
(뜻) 과거나 현재, 미래의 운이 좋고 나쁜 일을 따져 보는 일.

ㅈ

2 다음 문장을 잘 읽어 보고, 두 낱말 중 맞춤법에 맞는 낱말을 찾아 ○표 하세요.

(1) 현관문을 잘 [잠근 / 잠군] 다음에 외출하세요.

(2) 바람이 불어 문이 [다치면 / 닫히면] 큰 소리가 난다.

(3) 지민이는 머리 끝까지 이불을 [덥고 / 덮고] 울었다.

(4) 이사 간 친구를 [오랫만에 / 오랜만에] 만나니 정말 반가웠다.

(5) 내 동생은 신기하게도 맛있는 냄새를 잘 [맡는다 / 맞는다].

(6) 옛날에는 낟알을 떨어낸 줄기인 [집 / 짚]으로 신을 만들었다.

3 다음 사진과 설명을 보고, 밑줄 그은 곳에 들어갈 낱말을 •**보기**•에서 찾아 써 넣으세요.

> •보기•
>
> 액체　　온돌　　독소　　촉각　　창호지

(1) 옛날 집 창문에 _____ 를 붙였다.

(2) 물은 _____ 이고, 얼음은 고체이다.

(3) 사람의 몸에는 감각점이 많아 _____ 이 발달하였다.

4 다음 밑줄 그은 낱말의 반대말을 완성하세요.

(1)
　동생은 키가 <u>작다</u>.
　형은 손과 발이 ㅋ ㄷ .

(2)
　장마철이라 방 안이 <u>습하다</u>.
　사막은 비가 오지 않아 매우 ㄱ ㅈ ㅎ ㄷ .

(3)
　이것은 팔팔 끓인 물을 <u>식힌</u> 것이다.
　전자레인지에 찌개와 계란말이를 ㄷ 우 다음에 먹었다.

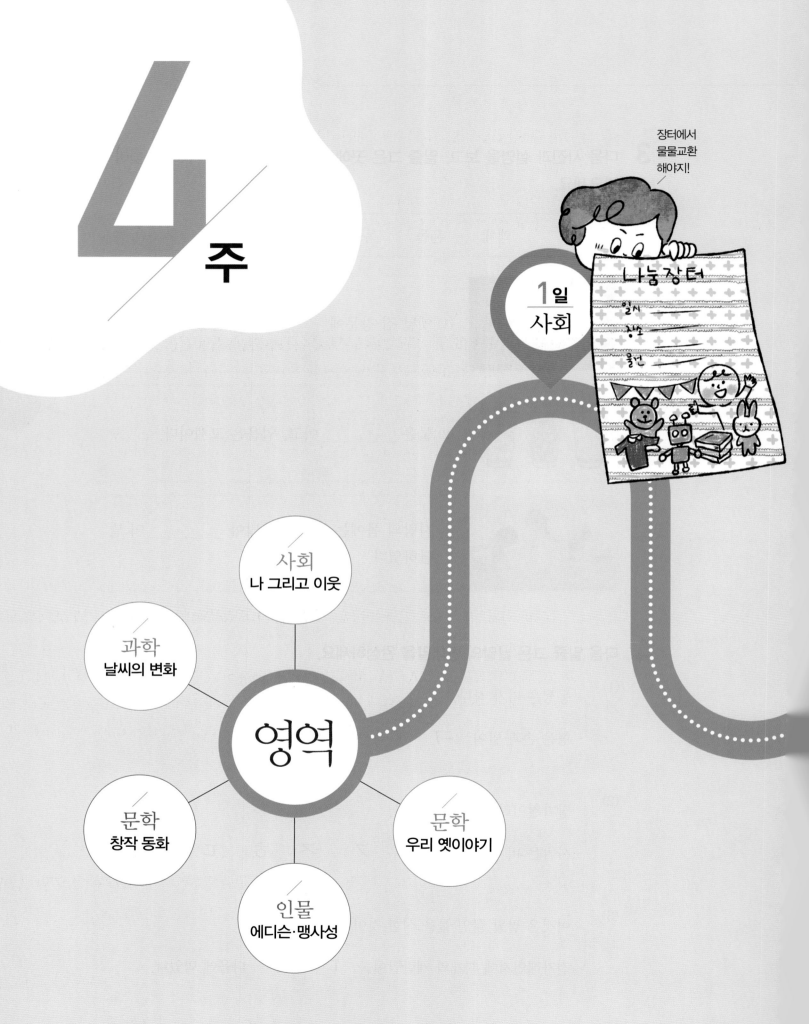

장터에서
물물교환
해야지!

1일
사회

나눔장터

사회
나 그리고 이웃

과학
날씨의 변화

영역

문학
창작 동화

문학
우리 옛이야기

인물
에디슨·맹사성

사회
/ 나 그리고 이웃

1일 나눔 장터

지문 분석 강의

우리 아파트에서 나눔 장터가 열리니, 주민 여러분의 많은 참여 바랍니다.

- 때: 20○○년 ○○월 ○○일 ○요일, 오전 10시~오후 6시
- 곳: 사랑아파트 공원
- 나눔 장터에서 나눌 물건: 작아서 못 입는 옷, 안 쓰는 장난감, 사용하지 않은 학용품, 다 읽은 책 등
- 나눔 장터에 물건을 내놓기 전에 확인할 것
  - 옷은 깨끗이 세탁하고, 지나치게 해어지거나 낡지 않았는지 확인합니다.
  - 양말, 구두, 　ㄱ　 등은 짝이 잘 맞는지 확인합니다.
  - 장난감이나 학용품 등은 망가지지 않았는지 확인합니다.

　　나눔 장터에 참여하면 필요한 물건을 싸게 살 수 있습니다. 또 절약은 물론 버리는 물건이 줄어들어 환경도 보호할 수 있고, 이웃과 더 친해질 수도 있습니다.
　　나눔 장터에 꼭 참여해 주세요.

－ 사랑아파트 관리사무소 －

어휘 뜻
- **장터** 장이 서는 터.
- **참여(參** 간여할 참, **與** 줄 여) 어떤 일에 끼어들어 관계함.
- **절약(節** 마디 절, **約** 맺을 약) 함부로 쓰지 아니하고 꼭 필요한 데에만 써서 아낌.
- **환경(環** 고리 환, **境** 지경 경) 사람과 생물에게 두루 영향을 끼치는 자연이나 사회의 조건이나 상태.

어휘 퀴즈 다음 뜻을 지닌 낱말을 찾아 ✔표 하세요.

❶ 닳아서 떨어지다.
　☐깨끗하다　　☐절약하다　　☐해어지다

❷ 누구나 들어가 쉬거나 거닐거나 놀 수 있는, 풀밭·나무·꽃 등을 가꾸어 놓은 곳.
　☐아파트　　☐장터　　☐공원

1 글쓴이가 이 글을 쓴 까닭으로 알맞은 것을 두 가지 고르세요. (　　,　　)

① 나눔 장터에 대해 조사하기 위해서

② 나눔 장터를 열자고 주장하기 위해서

③ 나눔 장터가 열린다는 것을 알리기 위해서

④ 나눔 장터에 참여한 경험을 나누기 위해서

⑤ 나눔 장터에 참여해 달라고 부탁하기 위해서

2 ㉠에 들어갈 물건으로 알맞은 것을 두 가지 고르세요. (　　,　　)

① 장갑　　　　　② 티셔츠　　　　　③ 운동화

④ 동화책　　　　⑤ 스웨터

4주
·
1일

3 나눔 장터에 참여하면 좋은 점이 <u>아닌</u> 것은 무엇인가요? (　　　　)

① 물건을 절약할 수 있다.

② 환경을 보호할 수 있다.

③ 이웃과 더 친해질 수 있다.

④ 필요한 물건을 싸게 살 수 있다.

⑤ 물건을 가게보다 비싸게 팔 수 있다.

30초 **요약**

4 다음 빈칸에 알맞은 말을 넣어 "나눔 장터"의 핵심 내용을 한 문장으로 요약하세요.

우리 [　][　][　] 에서 열리는 [　][　][　][　] 에

꼭 [　][　] 해 주세요.

식당에서 지켜야 할 일

　우리 동네에는 놀이터, 공원, 영화관, 공중화장실, 전시장 등 이웃이 함께 이용하는 장소가 있습니다. 맛있는 음식을 먹을 수 있는 식당도 그중 하나입니다. 그런데 식당에서 잘못된 행동을 하여 눈살을 찌푸리게 하는 친구들이 있습니다. 식당은 식사를 하는 공공장소이므로, 이웃에게 피해를 주지 않도록 예절을 지켜야 합니다.

　먼저, 식당에서 큰 소리로 떠들거나 장난을 치면 안 됩니다. 큰 소리로 떠들면 다른 사람들이 이야기를 하는 데 방해가 됩니다. 또, 장난을 치다가 뜨거운 음식을 엎질러 다른 사람에게 상처를 입힐 수도 있습니다.

　식당에서는 음식을 흘리지 않도록 주의해야 합니다. 흘린 음식 때문에 식탁이나 바닥이 지저분해지고, 일하시는 분이 이것을 치우는 데 힘이 들기 때문입니다.

　또 자유롭게 먹을 수 있는 반찬은 먹을 만큼만 가져와야 합니다. 음식물 쓰레기가 많으면 환경이 오염되고, 음식을 만드는 데 드는 비용도 버리게 됩니다.

　이웃이 즐겁고 편안하게 식사할 수 있도록 식당에서의 예절을 꼭 지키도록 노력합시다.

어휘 뜻
- **눈살** 두 눈썹 사이에 잡히는 주름.
- **예절**(禮 예의 예, 節 마디 절) 바르고 공손한 말씨와 마음가짐.
- **오염**(汚 더러울 오, 染 물들 염) 더럽게 물듦. 또는 더럽게 물들게 함.
- **비용**(費 쓸 비, 用 쓸 용) 어떤 일을 하는 데 드는 돈.

어휘 퀴즈 다음 뜻을 지닌 낱말을 찾아 ✔표 하세요.

❶ 사회의 여러 사람 또는 여러 단체에 공동으로 속하거나 이용되는 곳.
　□공공질서　　□공공장소　　□공공요금

❷ 남의 일을 간섭하고 막아 해를 끼침.
　□방해　　　　□예절　　　　□오염

5 글쓴이가 말하고자 하는 내용으로 가장 알맞은 것은 무엇인가요? (   )

① 식당에서의 예절을 지켜야 한다.

② 식당은 맛있는 음식을 먹을 수 있는 곳이다.

③ 공원에서 눈살을 찌푸리게 하는 친구들이 있다.

④ 우리 동네에는 이웃이 함께 이용하는 장소가 많다.

⑤ 놀이터, 공원, 영화관, 공중화장실, 전시장은 공공장소이다.

6 다음 표의 빈칸에 알맞은 말을 글에서 각각 찾아 써넣으세요.

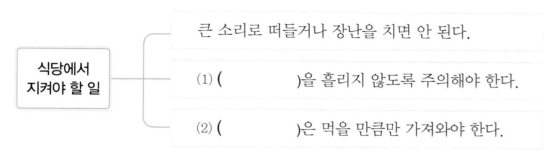

식당에서 지켜야 할 일

큰 소리로 떠들거나 장난을 치면 안 된다.

(1) (   )을 흘리지 않도록 주의해야 한다.

(2) (   )은 먹을 만큼만 가져와야 한다.

7 다음 중 식당에서의 예절을 잘 지킨 사람은 누구인지 찾아 ○표 하세요.

휴지를 아무 데나 버렸어.

친구와 음식점 복도를 뛰어다녔어.

조용히 앉아서 음식을 남기지 않고 먹었어.

(1) (   )　　　　(2) (   )　　　　(3) (   )

30초 요약

8 다음 빈칸에 알맞은 말을 넣어 "식당에서 지켜야 할 일"의 핵심 내용을 한 문장으로 요약하세요.

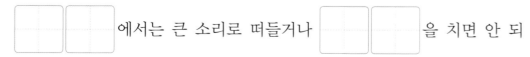

　　　　에서는 큰 소리로 떠들거나　　　　을 치면 안 되고, 음식을 흘리지 않도록 주의하며, 반찬은 먹을 만큼만 가져와 먹습니다.

우리나라의 날씨 소개

지문 분석 강의

과학 / 날씨의 변화

제인에게

안녕? 네게 우리나라의 날씨를 소개해 주고 싶어서 이 편지를 써.

우리나라는 사계절이 있고, 계절에 따라 날씨가 달라. 먼저 봄철에는 겨울철에 비해 따뜻하단다. 얼었던 땅이 녹고 새싹이 돋아나. 하지만 봄을 시샘하듯이 갑자기 추워지는 꽃샘추위가 오기도 하지. 또 요즈음은 중국의 사막에서 누런 모래가 몰려와 황사도 자주 발생해.

여름철에는 기온이 30도가 넘게 올라가 매우 더워. 지난여름에는 밤에도 무더운 열대야가 계속되어 잠을 많이 설쳤어. 또, 6월 말에서 7월 초에는 장마가 들어 비가 많이 내리고, 태풍으로 큰 피해를 입기도 해.

가을철이 되면 날씨가 선선해지고, 높고 파란 하늘을 볼 수 있어. 나는 들판에는 곡식이 누렇게 익어 가고, 빨간 고추잠자리가 날아다니며, 길가에는 코스모스가 피고, 산에는 울긋불긋 단풍이 물드는 가을을 가장 좋아해.

끝으로 겨울철이 되면 기온이 뚝 떨어져 몹시 추워. 기온이 갑자기 내려가는 날씨가 계속되기도 하고, 폭설로 교통에 어려움을 겪기도 한단다. 또, 날씨가 매우 건조하여 화재가 발생하기 쉬우므로 조심해야 해.

앞으로 한국에서 함께 생활하면서 너에게 우리나라에 대해 더 많은 것을 알려 주고 싶어. 또 편지할게.

2000년 00월 00일

너와 좋은 친구가 되고 싶은 기정이가

어휘 뜻

- **열대야**(熱 더울 열, 帶 띠 대, 夜 밤 야) 밤 밖의 온도가 25도 이상인 무더운 밤.
- **장마** 여름철에 여러 날을 계속해서 비가 내리는 현상이나 날씨.
- **선선해지고** 시원한 느낌이 들 정도로 서늘해지고.
- **화재**(火 불 화, 災 재앙 재) 불이 나는 재앙. 또는 불로 인한 재난.

어휘 퀴즈 다음 뜻을 지닌 낱말을 찾아 ✔표 하세요.

❶ 자기보다 잘되거나 나은 사람을 괜히 미워하고 싫어함.

☐시샘　　　☐존중　　　☐속셈

❷ 갑자기 많이 내리는 눈.

☐폭우　　　☐폭염　　　☐폭설

1 이 글의 중심 내용은 무엇인가요? (　　　)

① 봄철에는 날씨가 따뜻하다.
② 겨울철에는 날씨가 매우 건조하다.
③ 가을철에는 곡식이 누렇게 익어 간다.
④ 우리나라는 계절에 따라 날씨가 다르다.
⑤ 여름철에는 태풍이 발생하여 큰 피해를 입기도 한다.

2 우리나라 날씨에 대한 설명으로 알맞은 것을 모두 고르세요. (　　,　　,　　)

① 겨울철에는 화재가 발생하기 쉽다.
② 봄철에는 날씨가 갑자기 추워지기도 한다.
③ 일본에서 누런 모래가 몰려와 황사가 발생한다.
④ 가을철에는 날씨가 선선하고 하늘이 높고 파랗다.
⑤ 여름철에 비가 많이 내리는 것을 '열대야'라고 한다.

4주 · 2일

3 오른쪽과 같은 뉴스를 가장 많이 볼 수 있는 계절은 언제일지 쓰세요.

(　　　　　　　　)

 **요약**

4 다음 빈칸에 알맞은 말을 넣어 "우리나라의 날씨 소개"의 핵심 내용을 한 문장으로 요약하세요.

우리나라는 [　][　][　] 이 있고, 계절에 따라 [　][　] 가

다릅니다.

번개와 천둥소리

비가 오는 날, 번개가 번쩍 친 뒤에 얼마 지나지 않아 천둥소리가 우르릉 울리는 까닭은 무엇일까요?

번개는 구름과 구름 사이, 또는 구름과 땅 사이에 전기가 흐를 때 생겨요. 공기 중에 전기가 흘러 빛이 여러 방향으로 퍼지는 것이지요. 번개 가운데에서 땅으로 떨어지는 것은 벼락이라 하고요.

천둥소리는 번개가 칠 때 생기는 소리예요. 번개가 공기 사이를 지나가면 공기가 갈라지거나 갈라진 공기가 원래대로 돌아가요. 이때 폭탄이 터지는 것처럼 나는 소리가 천둥소리이지요.

사람들은 번개가 천둥소리보다 먼저 생긴다고 생각하지만 번개와 천둥소리는 동시에 생긴답니다. 번개가 먼저 나타나고 천둥소리가 울리는 것은 빛과 소리의 빠르기가 다르기 때문이에요. 빛이 소리보다 많이 빠르기 때문에 우리는 번개를 본 뒤에 천둥소리를 듣는 것이랍니다.

옛날에는 땅으로 떨어지는 번개 때문에 많은 피해를 입기도 했어요. 요즘은 전기가 잘 통하는 금속으로 만든 피뢰침을 높은 건물에 세워 번개가 피뢰침을 따라 안전하게 땅속으로 흐르게 합니다.

어휘 뜻
- **피뢰침** 벼락의 피해를 막기 위하여 건물의 가장 높은 곳에 세우는, 끝이 뾰족한 금속 막대기.
- **안전(安** 편안 안, **全** 온전할 전)**하게** 위험이 생기거나 사고가 날 걱정이 없게.

어휘 퀴즈 다음 뜻을 지닌 낱말을 찾아 ✔표 하세요.

1 같은 때.
☐ 동시   ☐ 나중에   ☐ 미래

2 재산·건강 등에 나쁜 영향을 입는 것.
☐ 선행   ☐ 효과   ☐ 피해

5 이 글에서 가장 중요하게 설명한 것은 무엇인가요? (   )

① 천둥소리의 뜻   ② 벼락이 생활에 끼치는 피해

③ 번개가 칠 때 대피하는 방법   ④ 번개의 피해를 예방하는 방법

⑤ 번개를 본 뒤 천둥소리를 듣는 까닭

6 이 글의 내용으로 알맞은 것을 모두 고르세요. (,   ,   )

① 소리가 빛보다 많이 빠르다.

② 번개가 천둥소리보다 더 빨리 우리에게 전달된다.

③ 번개 가운데에서 땅으로 떨어지는 것이 벼락이다.

④ 번개는 구름과 구름 사이에 전기가 흐를 때 생긴다.

⑤ 하늘에서 번개가 먼저 생긴 뒤에 천둥소리가 생긴다.

4주
·
2일

7 다음 중 피뢰침에 대해 바르게 설명한 것을 두 가지 고르세요. (,   )

① 나무로 만든다.

② 높은 건물에서 자주 볼 수 있다.

③ 전기가 잘 통하는 금속으로 만든다.

④ 천둥소리로 인한 피해를 막기 위해 만든다.

⑤ 주로 운동장처럼 높이가 낮은 곳에 만든다.

30초 **요약**

8 다음 빈칸에 알맞은 말을 넣어 "번개와 천둥소리"의 핵심 내용을 한 문장으로 요약하세요.

☐☐ 는 빛이고 천둥소리는 ☐☐ 로 서로 빠르기가 달라 우리는 번개를 먼저 본 뒤에 ☐☐☐☐ 를 듣습니다.

황소 아저씨

권정생

지문 분석 강의

"넌 누구냐?"

황소 아저씨가 굵다란 목소리로 물었어요.

"저……. 생쥐예요. 동생들 먹을 것을 찾아 나왔어요. 우리 엄마가 갑자기 돌아가셨어요."

황소 아저씨는 뜻밖이었어요.

㉠"먹을 게 어디 있는데 남의 등을 타 넘고 가니?"

㉡"저쪽 아저씨 구유에 밥찌꺼기가 있다고 건넛집 할머니께서 가르쳐 주셨어요. 제발 먹을 걸 가져가게 해 주세요."

"그랬니? 그럼 얼른 가져가거라. 동생들이 기다릴 테니 내 등 타 넘고 빨리 가거라."

"아저씨, 참말이에요? 고맙습니다."

생쥐는 열네 번이나 황소 아저씨 등을 타 넘었어요.

"이제 됐니?" / "네, 아저씨."

"그럼 오늘은 가서 푹 쉬고 내일 또 오너라."

이틀 뒤, 아기 생쥐들도 다 자라 볼볼 기어 다닐 수 있게 되었어요.

"생쥐야." / "네, 아저씨."

"동생들이 참 귀엽겠구나. 내일부터는 모두 함께 와서 맛난 것 실컷 먹으렴."

작품의 전체 줄거리

| 생쥐가 황소 아저씨의 등을 타고 가다가 황소 아저씨의 꼬리에 맞아 떨어짐. | **수록 지문** 황소 아저씨는 생쥐의 딱한 사정을 듣고 구유의 음식을 가져가게 함. | 황소 아저씨는 생쥐에게 동생들도 함께 와서 맛난 것을 먹으라고 함. | 생쥐들과 황소 아저씨는 외양간에서 겨울 내내 따뜻하게 함께 지냄. |

어휘 퀴즈 다음 뜻을 지닌 낱말을 찾아 ✔표 하세요.

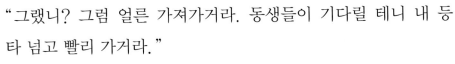

❶ 사실과 조금도 틀림이 없는 말.

☐ 거짓말 　　 ☐ 참말 　　 ☐ 꾸밈말

❷ 마음에 하고 싶은 대로 한껏.

☐ 욕심 　　 ☐ 실컷 　　 ☐ 양보

어휘 뜻

- **뜻밖이었어요** 전혀 생각이나 예상을 하지 못했어요.
- **구유** 소나 말 따위의 가축들에게 먹이를 담아 주는 그릇.

1 ㉠과 ㉡은 누가 한 말인지 쓰세요.

(1) ㉠: (   )   (2) ㉡: (   )

2 생쥐가 황소 아저씨의 등을 타 넘은 까닭은 무엇인가요? (   )

① 황소 아저씨와 친해지고 싶어서

② 동생들에게 줄 먹을 것을 찾기 위해서

③ 황소 아저씨의 등을 타 넘는 게 재미있어서

④ 건넛집에 사는 할머니를 만나러 가기 위해서

⑤ 황소 아저씨 등 뒤에 무엇이 있는지 궁금해서

3 이 글을 바르게 이해하여 말한 친구를 모두 고르세요. (,   ,   )

① 민아: 일이 일어난 곳은 도시야.

② 동건: 생쥐는 동생들을 생각하는 마음이 깊어.

③ 가희: 황소 아저씨는 이해심이 많고 마음이 따뜻해.

④ 송이: 황소 아저씨는 생쥐를 비롯한 다른 동물들을 싫어해.

⑤ 보람: 황소 아저씨는 생쥐와 생쥐의 동생들을 도와주고 싶어 해.

30초 요약

4 다음 빈칸에 알맞은 말을 넣어 "황소 아저씨"의 핵심 내용을 한 문장으로 요약하세요.

는 엄마를 잃고 동생들을 위해 먹을

것을 구하러 온 ☐☐ 에게 구유의 음식을 가져가게 했습니다.

문학
／창작 동화

누나의 생일

윤수천

우리 가족은 누나를 위하여 노래를 불러 주었습니다. 노래가 끝나자, 각자 준비한 선물을 누나에게 주었습니다. 형은 그림물감을 주었고, 나는 저금통을 털어 산 인형을 선물로 주었습니다. 누나는 인형을 받고 좋아하였습니다.

그런데 아빠, 엄마의 선물이 보이지 않았습니다. 나는 아빠, 엄마가 미처 준비하지 못하였다고 생각하였습니다. 그때 밖에서 초인종이 울리는 소리가 들렸습니다.

"생일 선물이 도착했습니다."

생일 선물이라는 소리에 우리는 모두 뛰어나갔습니다.

마당에 반짝반짝 빛나는 새 휠체어가 한 대 있었습니다.

"어머나!" / 누나는 기뻐 어쩔 줄을 몰라 하였습니다.

아빠가 말하였습니다.

"네 휠체어가 너무 낡았기에……. 어떠니, 마음에 드니?"

㉠"아빠, 엄마, 고맙습니다."

내가 누나를 대신해서 꾸벅 인사를 하였습니다.

그러자 엄마가 말하였습니다.

"누가 너한테 물었니? 주인공이 마음에 들어야지."

"네, 엄마! 정말 좋아요."

작품의 전체 줄거리

아빠와 '나'는 누나의 생일이 이달 보름인 것을 잊을 뻔함.	'나'는 돼지 저금통을 털어 누나의 생일 선물로 인형을 삼.	**수록 지문** 누나의 생일날, 형과 '나'는 선물을 주었지만 부모님의 선물이 보이지 않음.	잠시 뒤에 부모님의 선물인 휠체어가 도착하였고, 누나가 매우 기뻐함.

어휘 퀴즈 다음 뜻을 지닌 낱말을 찾아 ✔표 하세요.

1 차나 기계, 악기 따위를 세는 말.
☐ 장   ☐ 자루   ☐ 대

2 머리나 몸을 앞으로 많이 숙였다가 드는 모양.
☐ 꼬박   ☐ 꾸벅   ☐ 꿀꺽

5 이 글은 누구의 생일날에 일어난 일을 쓴 것인지 쓰세요.

(   )

6 이 글의 내용으로 알맞은 것을 모두 찾아 ★표 하세요.

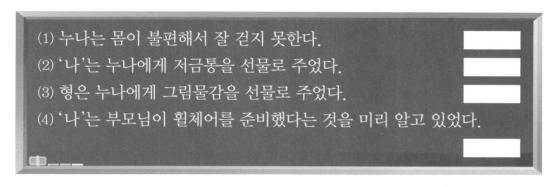

(1) 누나는 몸이 불편해서 잘 걷지 못한다.

(2) '나'는 누나에게 저금통을 선물로 주었다.

(3) 형은 누나에게 그림물감을 선물로 주었다.

(4) '나'는 부모님이 휠체어를 준비했다는 것을 미리 알고 있었다.

4주 · 3일

7 '내'가 누나를 대신하여 ㉠처럼 말한 까닭은 무엇일까요? (   )

① 누나가 고맙다는 말을 하지 않아서

② 누나가 휠체어를 못마땅하게 여겨서

③ 누나보다 '나'에게 더 필요한 물건이어서

④ 누나가 기뻐하는 것을 보자 '나'도 기뻐서

⑤ 부모님께서 '내'가 휠체어를 써도 된다고 허락해 주셔서

⏱30초 요약

8 다음 빈칸에 알맞은 말을 넣어 "누나의 생일"의 핵심 내용을 한 문장으로 요약하세요.

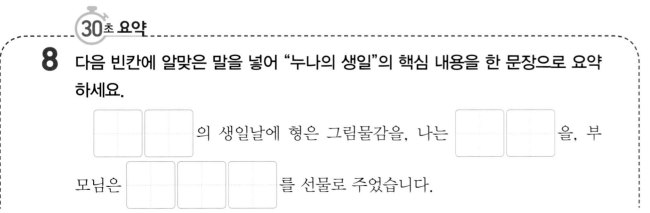

☐☐ 의 생일날에 형은 그림물감을, 나는 ☐☐ 을, 부모님은 ☐☐☐ 를 선물로 주었습니다.

발명왕, 에디슨

지문 분석 강의

▲ 에디슨이 만든 최초의 축음기

지희: 우아! 아빠, 여기 좀 보세요. 신기하게 생긴 것이 있어요.

아버지: 이건 축음기란다. 소리를 녹음하고 재생하는 장치야. 에디슨의 3대 발명품 중 하나지. 이 밖에도 전화기의 기초가 되는 탄소 송화기, 영화를 볼 수 있는 영사기 등 에디슨의 발명품은 천 개가 넘는단다.

지희: 전구도 에디슨이 발명한 거죠?

아버지: 에디슨 이전에도 많은 사람이 전구를 만들긴 했어. 하지만 전구가 금방 꺼져서 생활에 사용할 수 없었지. 에디슨은 40시간 이상 빛을 내는 전구를 만들었어. 에디슨 덕분에 밤에도 대낮처럼 환하게 지낼 수 있는 거란다.

지희: 오, 그렇군요. 에디슨은 어린 시절에 공부를 잘했나요?

아버지: 에디슨은 여덟 살 때 딱 석 달 동안만 학교에 다녔대. 정말 놀랍지? 그 뒤로 학교에 다니지 않고 집에서 책을 읽으며 지식을 쌓았단다. 집에 있는 창고에 실험실을 만들어서 매일 실험도 하고.

지희: 에디슨은 발명하는 게 정말 쉬웠나 봐요.

아버지: 에디슨의 발명품은 수많은 실패 끝에 만들어진 거야. 몇 만 번이나 실패를 했지만 끝까지 포기하지 않고 만든 발명품도 있어. 에디슨은 '천재는 타고난 것이 아니라 99퍼센트의 노력으로 이루어진다.'는 유명한 말을 남겼단다.

▲ 에디슨

어휘 뜻

- **재생(再** 다시 재, **生** 날 생) 녹음·녹화한 테이프나 필름 따위로 본래의 소리나 모습을 다시 들려주거나 보여 줌.
- **전구(電** 번개 전, **球** 공 구) 전류를 통하여 빛을 내는 기구. 기체가 들어 있는 유리알로 되어 있음.

어휘 퀴즈 다음 뜻을 지닌 낱말을 찾아 ✔표 하세요.

❶ 아직까지 없던 기술이나 물건을 새로 생각하여 만들어 냄.

☐ 흉내 ☐ 발명 ☐ 실험

❷ 그 수가 셋임을 나타내는 말.

☐ 두 ☐ 석 ☐ 넉

1 지희와 아버지의 대화에서 찾을 수 <u>없는</u> 내용은 무엇인가요? (　　　　)

① 에디슨의 발명품　　　　　　② 에디슨이 남긴 말

③ 에디슨의 어린 시절　　　　　④ 에디슨이 태어난 나라

⑤ 에디슨의 발명품이 우리에게 주는 도움

2 이 글의 내용으로 알맞은 것을 찾아 색칠하세요.

(1) 에디슨은 천재는 타고나는 것이라고 믿었다.

(2) 에디슨은 천 개가 넘는 물건을 발명하였다.

(3) 에디슨은 좋은 성적으로 초등학교를 졸업하였다.

(4) 에디슨의 발명품은 모두 한 번의 실험을 거쳐 만들어졌다.

4주 · 4일

3 이 글을 통해 알 수 있는 에디슨의 성격을 두 가지 고르세요. (　　，　　)

① 의지가 강하다.

② 싫증을 잘 낸다.

③ 어려운 이웃을 잘 돕는다.

④ 실패를 두려워하지 않는다.

⑤ 다른 사람의 말을 잘 듣지 않는다.

 30초 요약

4 다음 빈칸에 알맞은 말을 넣어 "발명왕, 에디슨"의 핵심 내용을 한 문장으로 요약하세요.

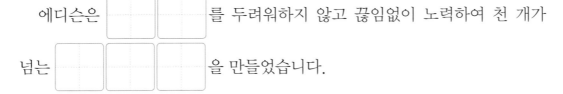

에디슨은 [　][　]를 두려워하지 않고 끊임없이 노력하여 천 개가

넘는 [　][　][　]을 만들었습니다.

검소하게 산 맹사성

'맹사성 대감을 극진하게 모시면 높은 벼슬
자리를 얻을 수 있겠지?'

어느 날, 한 현감이 마을 입구에서 맹사성을
애타게 기다리며 한 생각입니다. 높은 벼슬에
있던 맹사성이 이곳을 지난다는 이야기를 들었기 때문입
니다. 그때 허름한 옷차림을 한 노인이 검은 소를 타고 현감 앞
을 지나갔습니다. 현감은 화가 나서 소리쳤습니다.

"네 이놈! 감히 소를 타고 현감 앞을 지나가다니. 어서 내리지 못할까!"

그러자 노인이 인자한 미소를 띠며 말했습니다.

"나는 고향에 가는 맹고불이오."

노인의 말에 현감은 얼굴이 하얗게 질려 도망을 쳤습니다. '맹고불'은 맹사
성의 호였기 때문입니다. 맹사성은 백성들의 생활을 살피러 갈 때 늘 이렇게
허름한 옷차림에 검은 소를 타고 다녔습니다. 또 백성들이 불편하지 않게 하
기 위해 관아에도 들르지 않았습니다.

맹사성의 욕심 없는 검소한 삶을 보여 주는 또 다른 이야기도 있습니다.

어느 비 오는 날, 병조 판서가 맹사성의 집에 갔습니다. 그런데 여기저기에
서 비가 새는 모습을 보고 병조 판서는 말을 잇지 못했습니다.

"대감처럼 높으신 분이 어찌 이리 초라한 집에서 사십니까?"

그러자 맹사성은 아무렇지도 않다는 듯이 웃으며 말했습니다.

"허허. 이런 집조차 없는 백성이 얼마나 많은지 아시오? 그에 비하면 나는
호강이지요."

어휘 퀴즈 다음 뜻을 지닌 낱말을 찾아 ✔표 하세요.

❶ 마음이 어질고 자애롭다.

☐ 인색하다   ☐ 까탈스럽다   ☐ 인자하다

❷ 겉모양이나 옷차림이 허술하고 보잘것없다.

☐ 초라하다   ☐ 화려하다   ☐ 눈부시다

● **극진(極** 다할 극, **盡** 다
할 진)**하게** 어떤 대상
에 대하여 정성을 다
하는 태도가 있게.

● **벼슬자리** 옛날, 나랏
일을 맡아 다스리는
자리. 또는 그런 일.

● **허름한** 좀 헌 듯한.

● **호** 본디 이름 외에 쓰
는 이름.

● **관아(官** 벼슬 관, **衙** 마
을 아) 예전에, 벼슬
아치들이 모여 나랏일
을 처리하던 곳.

● **검소(儉** 검소할 검, **素**
바탕 소)**한** 사치하지
않고 꾸밈없이 수수
한.

● **호강** 호화롭고 편안
한 삶을 누림.

5 '맹고불'은 누구를 가리키는지 글에서 찾아 쓰세요.

(   )

6 맹사성의 집을 찾은 병조 판서가 말을 잇지 못한 까닭은 무엇인가요?

(   )

① 빗물이 입으로 들어가서
② 맹사성의 꾸지람을 듣고 화가 나서
③ 맹사성에게 할 말이 생각나지 않아서
④ 맹사성이 벼슬에서 물러난 것이 슬퍼서
⑤ 맹사성이 비가 새는 집에서 사는 것이 안타까워서

4주
·
4일

7 이 글에서 맹사성에게 본받을 만한 점을 두 가지 고르세요. (,   )

① 백성을 아끼고 사랑하는 마음
② 욕심 없이 검소하게 사는 생활
③ 나라를 위해 목숨을 아끼지 않는 정신
④ 신분이 낮아도 꿈을 포기하지 않는 마음
⑤ 부자가 되기 위해 밤낮없이 일하는 태도

30초 **요약**

8 다음 빈칸에 알맞은 말을 넣어 "검소하게 산 맹사성"의 핵심 내용을 한 문장으로 요약하세요.

맹사성은 높은 [ ][ ] 에 있으면서도 허름한 옷차림에 검은

[ ] 를 타고 다녔으며, [ ] 가 새는 집에서 검소하게 살았습니다.

지문 분석 강의

삼 년 고개

삼 년 고개는 그 고개에서 넘어지면 삼 년밖에 살 수 없다고 해서 붙여진 이름이에요. 그래서 마을 사람들은 모두 삼 년 고개를 두려워했습니다.

삼돌이가 수박 밭 할아버지의 집 앞을 지나가게 되었어요. 할아버지는 마루에 우두커니 앉아 손등으로 두 눈가를 훔치고 있었어요.

할아버지는 삼 년 고개를 넘다 넘어져서 앞으로 삼 년만 살게 될까 봐 슬퍼하고 있었어요.

그때 갑자기 삼돌이의 얼굴이 환하게 빛났어요.

"할아버지, 어서 저를 따라오세요."

삼돌이는 할아버지의 손을 덥석 잡았어요.

"이 말썽꾸러기 녀석아, 어딜 가려고! 이 손 놓지 못해?"

삼돌이는 할아버지의 손을 잡아끌고 삼 년 고개를 향해 뛰어가며 말했어요.

"할아버지, 삼 년 고개에서 한 번 넘어지면 삼 년을 살 수 있지요. 그럼 두 번 넘어지면 육 년을 살 수 있어요. 세 번 넘어지면 구 년을 살고요."

수박 밭 할아버지의 표정이 점점 밝아졌습니다. 그리고 삼 년 고개에 다다르자 할아버지는 고갯마루에서 몇 번이고 계속 넘어졌지요.

"이제는 걱정 없다. 나는 안 죽어!"

작품의 **전체 줄거리**

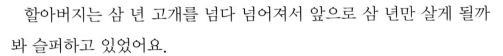

| 삼돌이가 수박 밭에서 수박을 따 먹다가 할아버지에게 들켜 혼이 남. | **수록지문** 할아버지가 삼 년 고개에서 넘어진 뒤 삼 년밖에 못 산다고 슬퍼함. | 삼돌이는 할아버지가 오래 살 수 있는 방법을 생각해 냄. | 삼 년 고개에서 넘어질수록 오래 산다는 말에 할아버지는 고개에서 계속 넘어짐. |

어휘 뜻

• **우두커니** 넋이 나간 듯이 가만히 한자리에 앉아 있는 모양.

• **훔치고** 물기나 때가 묻은 것을 닦아 깨끗하게 하고.

• **고갯마루** 고개에서 가장 높은 자리.

어휘 퀴즈 다음 뜻을 지닌 낱말을 찾아 ✔표 하세요.

❶ 손의 바깥쪽. 곧 손바닥의 반대편.

☐손목　　☐손등　　☐손금

❷ 왈칵 달려들어 움켜잡는 모양.

☐사뿐　　☐와락　　☐덥석

1 마을 사람들이 삼 년 고개를 두려워한 까닭은 무엇인가요? (　　　)

① 삼 년 고개에 무덤이 많이 있어서

② 삼 년 고개에 호랑이가 자주 나타나서

③ 한 번 고개를 넘으려면 삼 년이 걸려서

④ 삼 년 고개에 도깨비가 나타난다고 소문이 나서

⑤ 삼 년 고개에서 넘어지면 삼 년밖에 살지 못한다고 믿어서

2 이 글에서 수박 밭 할아버지의 마음은 어떻게 바뀌었나요? (　　　)

① 기쁜 마음 → 화난 마음　　　　② 슬픈 마음 → 기쁜 마음

③ 화난 마음 → 안타까운 마음　　④ 설레는 마음 → 서운한 마음

⑤ 억울한 마음 → 부끄러운 마음

3 다음 중 삼돌이에 대한 설명으로 알맞은 것은 무엇인가요? (　　　)

① 웃어른께 예의 바르지 못하다.

② 다른 사람의 일에 관심이 없다.

③ 다른 사람의 말을 너무 쉽게 믿는다.

④ 다른 마을의 일에 참견하기를 좋아한다.

⑤ 마을 사람들과 다른 생각을 하여 문제를 해결한다.

30초 요약

4 다음 빈칸에 알맞은 말을 넣어 "삼 년 고개"의 핵심 내용을 한 문장으로 요약하세요.

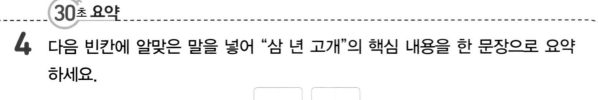

삼 년 고개에서 넘어진 뒤 　　　　밖에 살 수 없다고 슬퍼하던 수

박 밭 할아버지는 　　　　　　의 지혜 덕분에 걱정이 없어졌습니다.

들쥐를 찾아간 새

"들쥐야! 내가 배가 많이 고프구나. 네가 훔친 곡식 좀 내놔 봐라."

들쥐 집을 찾아온 산비둘기가 빈정대며 말했어요.

"뭐라고? 난 떨어진 낱알을 열심히 주워 모은 거야."

"열심히 훔친 거겠지."

산비둘기가 계속 빈정대자 들쥐는 벌겋게 달군 부지깽이로 산비둘기의 머리를 때렸어요. 산비둘기는 머리를 감싸 쥐고 떼굴떼굴 굴렀어요. 산비둘기의 머리가 푸른 것은 이때 생긴 멍 때문이래요.

이번에는 까치가 들쥐의 집에 갔어요.

"안녕하세요, 들쥐님! 들쥐님한테 부탁이 있어서 왔어요."

"그래요? 어서 안으로 들어와서 말씀해 보세요."

들쥐는 까치를 집 안으로 데리고 들어갔습니다.

"들쥐님, 사실은 배가 고파서 찾아왔어요. ㉠들쥐님은 부지런해서 늘 맛있는 곡식이 가득하잖아요."

들쥐는 까치의 공손한 태도와 말씨에 고개를 끄덕였습니다.

"마침 저녁밥이 다 되었네요. 밥을 먹고 가시지요."

"예, 들쥐님. 고맙습니다."

까치는 들쥐가 차려 주는 밥을 배불리 먹었어요.

어휘 뜻

- **곡식(穀 곡식 곡, 食 먹을 식)** 사람의 식량이 되는 쌀, 보리, 콩, 조, 밀, 옥수수 따위를 통틀어 이르는 말.

- **빈정대며** 남을 은근히 비웃는 태도로 자꾸 놀리며.
- **부지깽이** 아궁이 따위에 불을 땔 때에, 불을 헤치거나 끌어내거나 거두어 넣거나 하는 데 쓰는 가느스름한 막대기.

작품의 전체 줄거리

날마다 배불리 먹고 지내던 꿩, 산비둘기, 까치가 가뭄이 들어 굶주리게 됨.	꿩은 들쥐에게 거드름을 피우며 먹을 것을 달라고 하여 들쥐에게 얻어맞음.	**수록지문** 산비둘기는 들쥐에게 훔친 곡식을 내놓으라며 빈정대다 들쥐에게 얻어맞음.	까치는 공손한 태도와 말씨로 들쥐에게 부탁하여 밥을 배불리 먹음.

어휘 퀴즈 다음 뜻을 지닌 낱말을 찾아 ✔표 하세요.

❶ 하나하나 따로따로인 알.

☐새알 ☐알맹이 ☐낱알

❷ 말이나 행동이 겸손하고 예의 바르다.

☐오만하다 ☐공손하다 ☐짓궂다

5 다음 두 인물이 한 일을 찾아 선으로 이으세요.

(1)
▲ 산비둘기

⑦ 들쥐에게 "들쥐님!"이라고 부르며 공손한 말투로 말했다.

(2)
▲ 까치

⑭ 들쥐에게 "들쥐야!"라고 부르며 빈정대는 말투로 말했다.

6 ㉠과 같은 말을 들었을 때 들쥐의 기분은 어떠하였을까요? (　　　)

① 자신을 무시하는 느낌이 들었을 것이다.
② 자신을 무서워하는 느낌이 들었을 것이다.
③ 자신을 존중해 주는 느낌이 들었을 것이다.
④ 자신을 속이려는 듯한 느낌이 들었을 것이다.
⑤ 자신을 놀리는 것 같은 느낌이 들었을 것이다.

4주
·
5일

7 이 글에서 전하려는 교훈과 관련 있는 속담은 무엇인가요? (　　　)

① 고생 끝에 낙이 온다.
② 믿는 도끼에 발등 찍힌다.
③ 바늘 도둑이 소도둑 된다.
④ 가는 말이 고와야 오는 말이 곱다.
⑤ 오르지 못할 나무는 쳐다보지도 마라.

⏱ **30초 요약**

8 다음 빈칸에 알맞은 말을 넣어 "들쥐를 찾아간 새"의 핵심 내용을 한 문장으로 요약하세요.

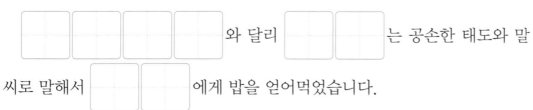

□□□□ 와 달리 □□ 는 공손한 태도와 말씨로 말해서 □□ 에게 밥을 얻어먹었습니다.

4주 독해 속 어휘 마무리!

1 다음 주황색으로 쓴 낱말의 뜻을 찾아 ◯표 하세요.

(1)
> 집에서 두 시간 동안 책을 읽었다.

① 어느 한때에서 다른 한때까지 시간의 길이. ( )
② 나이 든 사람이 지니고 있는 어린아이 같은 얼굴. ( )

(2)
> 옷은 때와 장소에 맞게 입어야 한다.

① 시간의 어떤 순간이나 부분. ( )
② 옷이나 몸 따위에 묻은 더러운 먼지 따위의 물질. ( )

(3)
> 마을이 어둑해지자 곳곳에 등을 밝혔다.

① 사람이나 동물의 몸통에서 가슴과 배의 반대쪽 부분. ( )
② 불을 켜서 어두운 곳을 밝히거나 신호를 보내는 기구. ( )

2 다음은 낱말의 뜻을 국어사전에서 찾은 것입니다. 알맞게 채워 완성하세요.

(1) **예절:** 사회생활에서 지켜야 하는 바르고 ㄱ ㅅ 하 말씨와 몸가짐.

(2) **환경:** 사람과 생물에게 두루 영향을 끼치는 ㅈ ㅇ 이나 사회의 조건이나 상태.

(3) **단풍:** 가을에 ㄴ 무 이 이 붉은색이나 노란색으로 바뀌는 일.

3 다음 설명 내용을 생각하며 ( )에 들어갈 알맞은 낱말에 밑줄 그으세요.

> 벌이다: 일을 계획하여 시작하거나 펼쳐 놓다.
> 벌리다: 껍질 따위를 열어 젖혀서 속의 것을 드러내다.
> 버리다: 가지거나 지니고 있을 필요가 없는 물건을 내던지거나 쏟거나 하다.

(1) 밤송이를 (벌이고 / 벌리고 / 버리고) 알밤을 꺼냈다.

(2) 쓰레기를 길에 (벌이지 / 벌리지 / 버리지) 않도록 주의합시다.

(3) 오늘 친구들과 잔치를 (벌이기로 / 벌리기로 / 버리기로) 약속했다.

4주
·
5일

4 다음 빈칸에 들어갈 낱말을 •보기•에서 찾아 써넣으세요.

> •보기•
> 번개   폭설   열대야

(1) ⬚⬚⬚ 가 이어져 밤마다 선풍기를 틀고 잠이 들었다.

(2) 몹시 빠르게 움직이는 모습을 '⬚⬚⬚ 같다.'고 말한다.

(3) ⬚⬚⬚ 로 차들이 도로 위에 꼼짝하지 못하고 서 있다.

5 다음 밑줄 그은 낱말을 맞춤법에 맞게 고쳐 쓰세요.

(1) 실폐는 성공의 어머니이다. ➡ ⬚⬚

(2) 오늘도 아침 햇살이 눈부시게 밝다. ➡ ⬚⬚

(3) 날이 따뜻해져서 화분을 마당에 내노았다. ➡ ⬚⬚⬚⬚

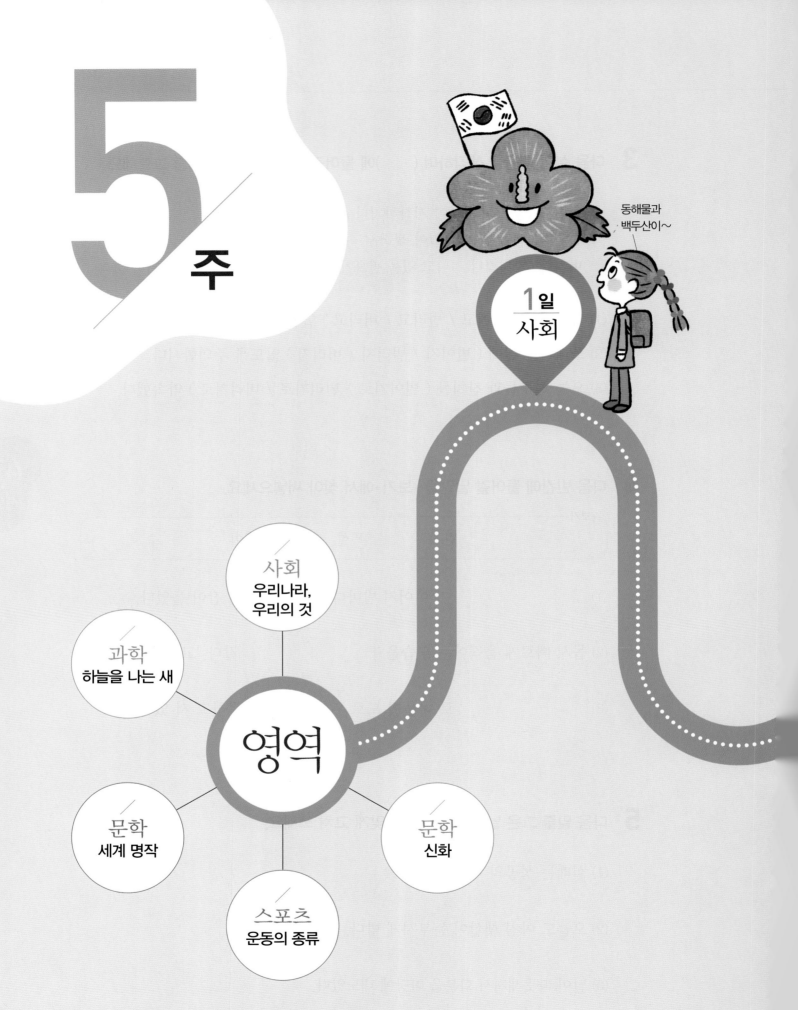

5주

동해물과 백두산이~

1일
사회

영역

과학
하늘을 나는 새

사회
우리나라,
우리의 것

문학
세계 명작

스포츠
운동의 종류

문학
신화

지문 분석 강의

우리나라를 대표하는 것

각 나라에는 그 나라를 대표하는 국기, 꽃, 노래가 있습니다.

우리나라를 대표하는 국기는 태극기입니다. 태극기의 흰색 바탕은 밝음과 순수, 평화를 사랑하는 우리의 마음을 나타내고, 가운데에 있는 태극 무늬는 어둠(파란색)과 밝음(빨간색)의 조화를 나타냅니다. 태극기의 모서리에 있는 사괘는 하늘, 땅, 물, 불을 나타냅니다.

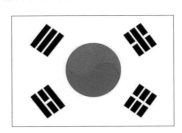

우리나라를 대표하는 꽃은 무궁화입니다. 무궁화는 우리 민족을 닮았습니다. 다섯 장의 꽃잎이 서로 붙어서 하나의 꽃을 이루는 모습은 우리 민족의 단결력을 나타내고, 공해가 심한 곳에서도 잘 자라는 성질은 우리 민족의 끈기를 나타냅니다. 대통령 표창이나 국회 의원의 배지에도 무궁화 모양이 들어 있습니다.

우리나라를 대표하는 노래는 애국가입니다. 애국가는 '나라를 사랑하는 노래'라는 뜻으로, 우리나라가 영원히 발전하고 늘 같은 마음으로 나라를 사랑하자는 의미를 담고 있습니다. 애국가는 노랫말을 정확하게 알고, 장난을 치거나 두리번거리지 말고, 바른 자세로 서서 불러야 합니다.

어휘 뜻

● **조화**(調 고를 조, 和 화할 화) 서로 잘 어울림.

● **사괘** 태극기의 모서리에 있는 건(☰), 곤(☷), 감(☵), 이(☲).

● **공해**(公 공평할 공, 害 해할 해) 산업이나 교통의 발달에 따라 사람이나 생물이 입게 되는 여러 가지 피해.

어휘 퀴즈 다음 뜻을 지닌 낱말을 찾아 ✔표 하세요.

❶ 쉽게 단념하지 아니하고 끈질기게 견디어 나가는 기운.

☐ 온기　　☐ 냉기　　☐ 끈기

❷ 많은 사람이 한데 뭉치는 힘.

☐ 단결력　　☐ 참을성　　☐ 체력

1 다음 표의 빈칸에 알맞은 말을 써넣으세요.

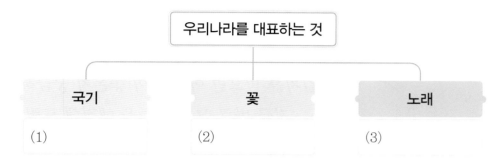

우리나라를 대표하는 것

국기	꽃	노래
(1)	(2)	(3)

2 이 글의 내용으로 알맞은 것을 모두 고르세요. (　　,　　,　　)

① 태극 무늬는 어둠과 밝음의 조화를 나타낸다.

② 무궁화는 공기가 맑고 깨끗한 곳에서만 자란다.

③ 애국가는 나라를 사랑하자는 의미를 담고 있다.

④ 태극기의 사괘는 각각 하늘, 땅, 물, 바람을 나타낸다.

⑤ 대통령 표창이나 국회 의원의 배지 등에 무궁화 모양이 사용된다.

5주

1일

3 다음 중 애국가를 부르는 자세가 바른 친구는 누구인가요? (　　　　)

① 땅을 쳐다보며 부르는 진구

② 친구와 장난치며 부르는 한경

③ 이곳저곳을 바라보며 부르는 나희

④ 노랫말을 마음대로 바꿔 부르는 동혁

⑤ 바른 자세로 서서 씩씩하게 부르는 도훈

⏱**30**초 요약

4 다음 빈칸에 알맞은 말을 넣어 "우리나라를 대표하는 것"의 핵심 내용을 한 문장으로 요약하세요.

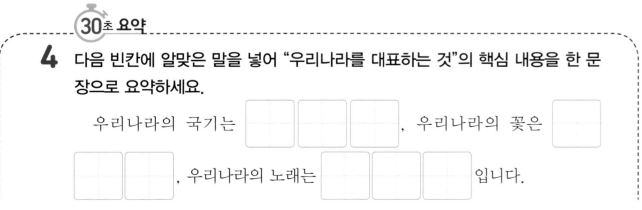

우리나라의 국기는 □□□, 우리나라의 꽃은 □

□□, 우리나라의 노래는 □□□입니다.

김치

김치를 먹으면 어떤 점이 좋은지 궁금하다고요?
지금 바로 그 궁금증을 해결해 드립니다.

하나, 장을 깨끗하게 해 주어요!

잘 익은 김치에는 같은 무게의 요구르트보다 네 배 정도 많은 유산균이 들어 있어요. 이 유산균이 장을 깨끗하고 튼튼하게 해 주어요.

둘, 암이나 비만을 미리 예방할 수 있어요!

김치에 들어가는 재료인 무, 배추, 고추 등에는 우리 몸에 필요한 비타민, 칼슘, 철분 등의 영양소가 풍부하고, 암이나 비만을 예방하는 성분이 들어 있어요.

셋, 종류가 다양해요!

김치는 ⓐ 에 따라 종류가 다양해요. 배추로 만든 '배추김치', 무로 만든 '깍두기'와 '총각김치', 파로 만든 '파김치' 등 셀 수 없이 많아요. 김치는 담그는 방법에 따라 맛도 달라요. 충청도 지방은 양념을 많이 넣지 않아 시원하고 깊은 맛이 나고, 전라도 지방은 고춧가루와 젓갈을 많이 넣어 매콤하면서도 달콤해요. 경상도 지방은 김치에 해산물을 넣어 맵고 진한 맛이 나요.

건강에도 만점, 맛도 만점인 김치, 많이 많이 드세요!

어휘 뜻

● **해결(解** 풀 해, **決** 결단할 결)해 문제를 풀어서 밝히거나 일을 잘 처리해.

● **유산균** 당류(탄수화물, 과당, 포도당같이 물에 녹으며 단맛이 있는 물질들.)를 분해하여 젖산을 만드는 세균.

● **성분(成** 이룰 성, **分** 나눌 분) 전체를 구성하고 있는 것 중 한 부분.

● **담그는** 김치·장 같은 음식을 익히려고 재료를 뒤섞어 만드는.

어휘 퀴즈 다음 뜻을 지닌 낱말을 찾아 ✓표 하세요.

❶ 질병이나 재해 따위가 일어나기 전에 미리 대처하여 막는 일.
☐ 치료　　　　☐ 예방　　　　☐ 사고

❷ 음식의 맛을 돋우기 위해 쓰는 재료.
☐ 양념　　　　☐ 유산균　　　　☐ 영양소

5 글쓴이가 이 글을 쓴 까닭을 두 가지 고르세요. (　　,　　)

① 김치의 좋은 점을 알리려고

② 김치를 많이 먹자고 말하려고

③ 김치를 먹는 방법을 설명하려고

④ 김치가 만들어진 이유를 설명하려고

⑤ 시대별로 김치가 발달해 온 과정을 설명하려고

6 ㉠에 들어갈 알맞은 말은 무엇인가요? (　　　　)

① 양념　　　　② 주재료　　　　③ 요리 시간

④ 만드는 사람　　⑤ 재료를 준비하는 방법

5주 · 1일

7 이 글의 내용으로 알맞으면 🏠에 ○표, 알맞지 <u>않으면</u> 🏠에 ○표 하세요.

⑴ 김치에는 다양한 재료가 들어간다.　　　　　　　　　(🏠 , 🏠)

⑵ 지역마다 김치를 담그는 방법이 다르다.　　　　　　　(🏠 , 🏠)

⑶ 방금 담근 김치에 많은 양의 유산균이 들어 있다.　　　(🏠 , 🏠)

⑷ 김치에는 우리 몸에 필요한 영양소가 풍부하게 들어 있다. (🏠 , 🏠)

🕐 **30초 요약**

8 다음 빈칸에 알맞은 말을 넣어 "김치"의 핵심 내용을 한 문장으로 요약하세요.

　　□□　는 장을 깨끗하게 해 주고, 암이나 □□을 예방

하게 하고, □□가 다양합니다.

과학
/ 하늘을 나는 새

▲ 고니가 날아가는 모습

지문 분석 강의

한국의 철새와 텃새

겨울에 왜 제비는 보이지 않고 청둥오리만 볼 수 있을까요?

제비는 봄에 우리나라로 날아왔다가 가을이 되면 떠나는데, 이런 새를 '여름 철새'라고 합니다. 백로, 물총새, 왜가리, 노랑할미새 등이 여기에 속합니다. 청둥오리는 가을에 우리나라로 날아와서 봄이 되면 떠나는데, 이런 새를 '겨울 철새'라고 합니다. 고니, 따오기 등이 여기에 속합니다.

▲ 백로　　▲ 물총새　　▲ 왜가리　　▲ 노랑할미새　　▲ 청둥오리

철새가 한곳에 머물지 않고 이렇게 이동하는 것은 먹이와 날씨 때문입니다. 여름 철새들은 주로 곤충이나 물고기를 잡아먹는데 겨울이 되면 이런 것들이 사라지기 때문에 먹이를 찾아 따뜻한 나라로 이동합니다. 겨울 철새들은 우리나라의 무더위를 견디지 못하고 시원한 나라로 이동합니다.

철새와 달리 원앙, 흰뺨검둥오리, 꿩, 참새, 딱새, 까치처럼 계절에 따라 이동하지 않고 한 지역에서 사는 새를 '텃새'라고 합니다.

텃새들은 계절에 따라 풀씨, 나무 열매, 벌레 등으로 먹이를 바꾸고, 가을 철에는 몸에 영양분을 저장해 두어서 추운 겨울을 잘 견딜 수 있습니다.

▲ 원앙　　▲ 흰뺨검둥오리　　▲ 꿩　　▲ 참새　　▲ 딱새

어휘 뜻

● **철새** 철을 따라 이리저리 옮겨 다니며 사는 새.

● **텃새** 철을 따라 자리를 옮기지 아니하고 거의 한 지방에서만 사는 새.

● **머물지** 도중에 멈추거나 일시적으로 어떤 곳에 묵지.

● **무더위** 습도와 온도가 매우 높아 찌는 듯 견디기 어려운 더위.

어휘 퀴즈 다음 뜻을 지닌 낱말을 찾아 ✔표 하세요.

① 철(계절)을 따라 이리저리 옮겨 다니며 사는 새.

　☐텃새　　☐철새　　☐박새

② 나중에 쓰기 위하여 물질이나 물건을 모아 보관하는 것.

　☐이동　　☐저장　　☐폐품

1 다음 새의 종류에 대해 알맞게 설명한 것을 찾아 선으로 이으세요.

(1) **여름 철새** •

(2) **겨울 철새** •

(3) **텃새** •

• ㉮ 계절에 따라 이동하지 않고 한 지역에서 사는 새

• ㉯ 봄에 우리나라로 날아왔다가 가을이 되면 떠나는 새

• ㉰ 가을에 우리나라로 날아와서 겨울을 보내고 봄이 되면 떠나는 새

2 철새가 한곳에 머물지 않고 이동하는 것은 무엇과 무엇 때문인지 찾아 쓰세요.

(   ), (   )

5주 · 2일

3 이 글의 내용을 **잘못** 이해한 친구는 누구인가요? (   )

① 나라: 겨울 철새들은 시원한 날씨를 좋아하는구나.

② 종하: 꿩, 참새, 딱새, 까치는 여름과 겨울에 모두 볼 수 있구나.

③ 다영: 여름철에 제비, 왜가리, 원앙, 흰뺨검둥오리를 볼 수 있겠다.

④ 승민: 겨울철에 물가에 가면 백로와 물총새, 노랑할미새를 볼 수 있겠다.

⑤ 진수: 추위를 잘 견디는 새도 있고, 추위를 견디지 못하는 새들도 있구나.

 30초 요약

4 다음 빈칸에 알맞은 말을 넣어 "한국의 철새와 텃새"의 핵심 내용을 한 문장으로 요약하세요.

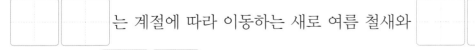

◻◻ 는 계절에 따라 이동하는 새로 여름 철새와 ◻◻ 철새로 나뉘고, ◻◻ 는 이동하지 않고 한 지역에서 사는 새입니다.

새가 가진 특별한 것

소영이는 백과사전을 읽으며 '새'에 대하여 자세히 알아보았습니다.

1 새의 부리

새는 먹이에 따라 부리의 모양이 다르다. 새들은 먹이를 잡을 때 부리를 사용하기 때문에 부리가 먹이를 잡기에 알맞은 모양으로 변한 것이다.

독수리의 부리는 커다란 갈고리처럼 생겨서 작은 동물을 잡거나 고기를 찢어 먹기에 좋다. 참새의 부리는 짧고 튼튼해서 풀씨나 곡식, 곤충을 먹기에 좋다. 백로의 부리는 가늘고 길어서 물속에서 물고기를 잡기에 알맞다. 마도요의 부리는 갯벌을 콕콕 찔러 먹이를 찾기 쉽도록 부리가 길고 활처럼 휘어 있다. 펠리컨은 부리에 커다란 주머니가 있어서 한꺼번에 많은 양의 물고기를 잡을 수 있다.

2 새의 모래주머니

새는 이빨이 없어서 먹이를 그냥 꿀꺽 삼킨다. 이빨이 없어도 새가 먹이를 소화할 수 있는 것은 몸속에 모래주머니가 있기 때문이다.

새들은 먹이를 먹을 때 굵은 모래나 작은 돌을 함께 삼킨다. 이것들은 위를 거쳐 모래주머니로 들어가고, 모래주머니가 움직이면 모래와 돌이 함께 움직이면서 새가 먹은 것을 맷돌처럼 으깨고 갈아 준다. 그래서 새들은 이빨이 없어도 먹은 것을 소화시킬 수 있는 것이다.

어휘 퀴즈 다음 뜻을 지닌 낱말을 찾아 ✔표 하세요.

1 바닷물이 드나드는 넓은 땅.
　☐산림　　☐갯벌　　☐논밭

2 곡식을 가는 데 쓰는 기구.
　☐괭이　　☐맷돌　　☐호미

5 소영이가 찾아 읽은 백과사전의 내용을 크게 두 부분으로 나눌 때, 다음 빈칸에 알맞은 말을 써넣으세요.

(1) 새는 ( )에 따라 부리의 모양이 다르다.

(2) 새는 ( )로 먹은 것을 으깨고 간다.

6 다음과 같은 부리를 가진 새는 무엇인가요? ( )

▲ 갈고리 모양의 부리

① 참새 　　② 백로
③ 마도요 　　④ 독수리
⑤ 펠리컨

7 이 글의 내용을 바르게 이해한 친구를 모두 찾아 ○표 하세요.

백로의 부리는 짧고 튼튼해.

참새는 풀씨나 곡식, 곤충을 먹고 살아.

새는 이빨이 없어서 먹이를 소화시키지 못해.

새는 먹이와 함께 굵은 모래나 작은 돌을 삼켜.

(1) ( ) 　　(2) ( ) 　　(3) ( ) 　　(4) ( )

🕐 **30초 요약**

8 다음 빈칸에 알맞은 말을 넣어 "새가 가진 특별한 것"의 핵심 내용을 한 문장으로 요약하세요.

새는 먹이에 따라 □□의 모양이 다르며, 몸속에 모래주머니가

있어 □□이 없어도 먹은 것을 □□시킬 수 있습니다.

3일

피터 팬

제임스 매튜 배리

문학
/ **세계 명작**

　피터는 옷장 서랍을 열고 닥치는 대로 옷을 꺼내 잃어버린 그림자를 찾아냈습니다. 피터는 그림자를 자기 몸에 갖다 대기만 해도 쩍 붙을 거라고 생각했는데 웬일인지 그림자가 몸에 붙지 않았습니다. 피터는 그만 마룻바닥에 주저앉아 울음을 터뜨렸습니다. 그 울음소리에 웬디가 눈을 떴습니다.

"넌 누구니? 왜 울고 있니?"

"난 피터야. 아무리 애를 써도 내 그림자가 붙지를 않아."

"걱정 마. 내가 꿰매 줄게."

　웬디는 바느질을 해서 피터의 발에 그림자를 꿰매 주었습니다. 그림자를 보며 좋아하던 피터가 갑자기 진지한 표정으로 웬디에게 말했습니다.

"웬디, 내가 이 집에 자주 온 것은 너희 엄마가 들려주는 재미있는 이야기를 듣기 위해서야. 우리 네버랜드에는 이야기해 줄 사람이 없어."

"나는 그곳 아이들에게 해 줄 수 있는 이야기가 정말 많은데!"

　웬디가 말을 꺼내자 피터는 다짜고짜 웬디의 손을 잡고 창문 쪽으로 끌며 말했습니다.

"나랑 네버랜드로 가서 집 잃은 아이들에게 재미있는 이야기를 들려줘."

"안 돼. 부모님이 걱정하실 거야. 그리고 ⟨ ㉠ ⟩"

"내가 날아가는 방법을 가르쳐 줄게. 나랑 함께 가면 인어도 만날 수 있어."

작품의 전체 줄거리

수록지문 네버랜드에 살던 피터는 어느 날. 사람들의 세상으로 찾아와서 웬디를 만남.	웬디는 동생을 데리고 피터를 따라 네버랜드로 날아가 신나게 많은 모험을 하게 됨.	악당 후크 선장은 피터 때문에 팔을 잃고 피터의 가족을 괴롭히지만 피터는 용감히 싸워 이김.	웬디는 부모님을 생각하여 동생과 여섯 친구를 데리고 집으로 오고, 피터는 네버랜드로 돌아감.

어휘 뜻

● **닥치는 대로** 이것저것 가릴 것 없이.

● **애** 몹시 수고로움.

● **진지(眞 참 진, 摯 잡을 지)한** 마음 쓰는 태도나 행동 따위가 참되고 착실한.

어휘 퀴즈 다음 뜻을 지닌 낱말을 찾아 ✔표 하세요.

❶ 옷 따위의 해지거나 뚫어진 데를 바늘로 깁거나 얽어매다.

☐ 뜯다　　☐ 묶다　　☐ 꿰매다

❷ 일의 앞뒤 사정이나 내용을 알아보지 않고 덮어놓고.

☐ 과연　　☐ 다짜고짜　　☐ 아마도

1 피터가 울음을 터뜨린 까닭은 무엇인가요? (　　　　)

① 그림자를 떼지 못해서　　　　② 마룻바닥에서 넘어져서

③ 웬디가 피터를 모른 척해서　　④ 그림자가 몸에 붙지 않아서

⑤ 그림자를 찾은 것이 기뻐서

2 다음 두 인물에 대한 설명으로 알맞은 것을 모두 찾아 밑줄 그으세요.

▲ 피터　　▲ 웬디

(1) 피터와 웬디는 오래전부터 알던 사이이다.

(2) 웬디는 재미있는 이야기를 듣는 것을 좋아한다.

(3) 웬디는 바느질을 해서 피터의 그림자를 꿰맸다.

(4) 피터는 웬디를 네버랜드로 데려가고 싶어 한다.

(5) 피터는 집 잃은 아이들과 함께 네버랜드에서 산다.

5주
·
3일

3 이 이야기의 내용으로 보아, ㉠에 들어갈 알맞은 말은 무엇인가요? (　　　　)

① 난 배가 고픈걸.

② 난 날지도 못하는걸.

③ 난 인어가 무서운걸.

④ 난 지금 몹시 피곤한걸.

⑤ 난 바느질을 잘 못하는걸.

30초 요약

4 다음 빈칸에 알맞은 말을 넣어 "피터 팬"의 핵심 내용을 한 문장으로 요약하세요.

　　　　　　는 웬디의 도움으로 　　　　　　　를 몸에 붙이고

난 뒤, 웬디에게 　　　　　　　로 함께 가자고 하였습니다.

지혜로운 농부의 교훈

이솝

오늘도 농부의 세 아들은 눈을 뜨자마자 싸웠습니다. 참다못한 농부는 세 아들을 불러 모아 말했습니다.

"지금부터 밖에 나가 각자 나뭇단을 하나씩 가져오너라."

세 아들이 나뭇단을 가져오자 농부가 마음을 가라앉히고 차분하게 말했습니다.

"각자 가져온 나뭇단을 꺾어 보도록 하여라!"

농부의 말에 아들들은 있는 힘을 다하여 나뭇단을 꺾으려고 했습니다. 그러나 좀처럼 꺾이지 않았습니다.

그러자 농부가 다시 아들들에게 말했습니다.

"이번에는 나뭇단을 풀어서 나뭇가지를 한 개씩 꺾어 보도록 하여라!"

"뚝!"

나뭇가지가 힘없이 부러졌습니다. 그러자 농부가 아들들에게 인자한 목소리로 말했습니다.

"잘 보았지? 사람도 마찬가지란다. 만일 너희 삼 형제가 묶어 놓은 나뭇단처럼 똘똘 뭉친다면 어떤 어려움도 이겨 낼 수 있다. 그러나 마음을 하나로 모으지 못하면 하나의 나뭇가지처럼 쉽게 꺾이고 말 것이다."

아들들은 그제야 아버지가 진정으로 원하는 것이 무엇인지 알았습니다.

어휘 뜻

- **교훈(教** 가르칠 교, **訓** 가르칠 훈**)** 앞으로의 행동이나 생활에 지침이 될 만한 것을 가르침. 또는 그런 가르침.
- **나뭇단** 땔나무 따위를 묶어 놓은 단.
- **뭉친다면** 여러 가지 생각, 힘 따위가 하나로 크게 모이면.
- **그제야** 앞에서 이미 이야기한 바로 그때에 이르러서야 비로소.

어휘 퀴즈 다음 뜻을 지닌 낱말을 찾아 ✔표 하세요.

❶ 마음이나 분위기 등이 가라앉아 조용하다.

☐ 북적이다   ☐ 피곤하다   ☐ 차분하다

❷ 무엇을 휘어 부러뜨리다.

☐ 묶다   ☐ 꺾다   ☐ 닦다

5 다음 (　　) 안에 들어갈 알맞은 말을 찾아 ○표 하세요.

> 이 이야기에서 ⑴(　나뭇가지 한 개 / 나뭇단　)은/는 세 아들이 싸우는 모습을 뜻하고, ⑵(　나뭇가지 한 개 / 나뭇단　)은/는 세 아들이 힘을 합친 모습을 뜻한다.

6 이 이야기에서 농부가 하고 싶은 말은 무엇일까요? (　　　)

① 약속을 잘 지켜야 한다.
② 항상 정직하게 살아야 한다.
③ 힘을 합쳐 서로 돕고 살아야 한다.
④ 무슨 일이든 직접 해 보아야 한다.
⑤ 게으름을 피우지 말고 부지런히 일해야 한다.

7 이 이야기 뒤에 이어질 내용으로 가장 알맞은 것은 무엇일까요? (　　　)

① 세 아들은 더 심하게 싸운다.
② 세 아들은 잘못을 깨닫고 사이좋게 지낸다.
③ 세 아들은 서로 말도 하지 않고 지내게 된다.
④ 농부는 밤새 세 아들을 걱정하느라 병이 든다.
⑤ 농부는 몹시 화를 내며 세 아들을 집에서 쫓아낸다.

30초 요약

8 다음 빈칸에 알맞은 말을 넣어 "지혜로운 농부의 교훈"의 핵심 내용을 한 문장으로 요약하세요.

　　　　는 세 아들에게 　　　　　과 나뭇가지 　

개를 꺾어 보게 하여 서로 돕고 살아야 한다는 것을 깨닫게 하였습니다.

4일 공을 사용하는 운동

지문 분석 강의

스포츠
/ 운동의 종류

전 세계에서 하고 있는 운동의 종류는 헤아릴 수 없이 많아요. 그중에서 공을 사용하는 운동인 축구, 농구, 배구, 탁구에 대해 알아보아요.

먼저 축구는 공을 발로 차서 상대편의 골대에 공을 많이 넣는 팀이 이기는 경기예요. 한 팀에 11명씩 경기를 하며, 전반전 45분, 후반전 45분으로 총 90분 동안 경기를 해요.

농구는 날씨에 상관없이 실내에서 할 수 있는 경기예요. 바구니를 닮은 상대편 골대에 공을 넣어 점수를 많이 얻는 팀이 이기는 경기로, 공을 던지는 거리에 따라 1~3점을 얻을 수 있어요. 한 팀에 5명씩 경기를 하며, 10분씩 네 번으로 나누어 진행되지요.

배구는 네모난 모양의 경기장 가운데에 네트를 두고, 공을 상대편 쪽에 떨어뜨리거나 상대방의 몸을 맞고 바깥으로 나가게 하여 점수를 얻는 경기예요. 한 팀이 6명인 배구와 9명인 배구가 있어요. 한 팀이 6명인 배구에서는 5게임 중 3게임을 먼저 승리하는 팀이 이겨요.

탁구는 테이블 위에 네트를 치고 라켓으로 공을 쳐 넘겨 승패를 겨루는 경기예요. 보통 5게임 또는 7게임으로 이루어지는데, 매 게임에서 11점을 먼저 얻으면 이겨요. 탁구는 한 사람이 경기를 하는 단식과 두 사람이 한 팀이 되어 경기를 하는 복식으로 나뉜답니다.

어휘 뜻

- **전반전** 축구, 핸드볼 따위의 운동 경기에서, 경기 시간을 반씩 둘로 나눈 것의 앞쪽 경기.
- **후반전** 운동 경기에서, 경기 시간을 반씩 둘로 나눈 것의 뒤쪽 경기.
- **경기장** 테니스, 농구, 배구 따위의 경기를 하는 곳.
- **네트** 배구, 탁구, 테니스, 배드민턴 따위에서 중앙에 세로로 가로질러, 양쪽 편을 구분하는 그물.

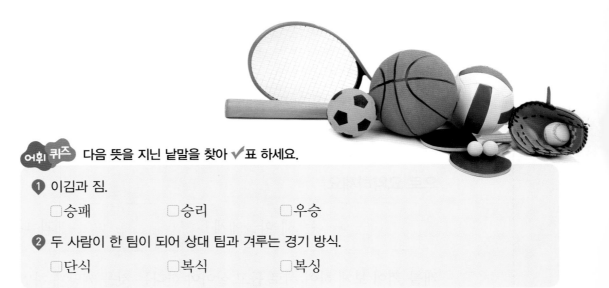

어휘 퀴즈 다음 뜻을 지닌 낱말을 찾아 ✔표 하세요.

❶ 이김과 짐.
　☐승패　　☐승리　　☐우승

❷ 두 사람이 한 팀이 되어 상대 팀과 겨루는 경기 방식.
　☐단식　　☐복식　　☐복싱

1 이 글의 중심 내용은 무엇인가요? (　　　　)

① 경기 시간　　　　　　　② 경기를 하는 장소

③ 경기에 필요한 선수의 수　　④ 공을 사용하는 운동의 종류

⑤ 경기에서 점수를 얻는 방법

2 이 글에서 설명한 내용으로 알맞은 것을 모두 고르세요. (　,　,　)

① 축구는 한 팀에 11명의 선수가 뛴다.

② 탁구는 단식 경기와 복식 경기가 있다.

③ 농구는 던지는 시간에 따라 점수가 다르다.

④ 배구는 세모난 모양의 경기장에서 네트 없이 한다.

⑤ 탁구와 배구는 모두 네트 너머로 공을 넘기는 운동 경기이다.

5주·4일

3 다음 중 공을 쳐 내는 도구가 필요한 경기는 무엇인지 찾아 ○표 하세요.

▲ 축구　　　　　▲ 농구　　　　　▲ 배구　　　　　▲ 탁구

(1) (　　　)　　(2) (　　　)　　(3) (　　　)　　(4) (　　　)

30초 **요약**

4 다음 빈칸에 알맞은 말을 넣어 "공을 사용하는 운동"의 핵심 내용을 한 문장으로 요약하세요.

　　　　을 사용하는 운동에는 　　　　, 농구, 　　　　, 탁구

가 있는데 경기 방법이 모두 다릅니다.

알맞은 운동을 하자

스포츠
／운동의 종류

건강과 아름다움, 여가 생활에 대한 관심이 높아지면서 운동을 하는 사람이 늘어나고 있다. 하지만 왜 운동을 하는지 생각하지 못하고, 무조건 주변 사람을 따라 하는 경우 오히려 몸이 나빠질 수 있다. 따라서 운동의 종류와 좋은 점을 바르게 알고 운동하는 것이 중요하다.

우리가 하는 운동은 크게 유산소 운동과 무산소 운동으로 나뉜다. 유산소 운동이란 산소를 사용하는 운동이다. 숨을 쉬면서 힘을 조금 들이며 오랫동안 할 수 있는 걷기, 자전거 타기, 에어로빅, 수영 등이다. 유산소 운동은 산소를 사용하여 몸속에 에너지를 만들기 때문에 몸무게를 줄이는 데 좋다. 또 유산소 운동을 하면 피의 순환이 잘되어 심장과 폐가 튼튼해진다.

무산소 운동은 산소를 사용하지 않는 운동이다. 역도나 100미터 달리기 같은 운동은 한번 숨을 참았다가 짧은 시간에 폭발적인 힘을 내야 하므로 산소를 폐로 보낼 시간이 없다. 그래서 산소가 없는 상태에서 에너지를 만든다. 무산소 운동을 하면 근육량이 늘어나 멋진 근육을 만들 수 있다.

건강하고 아름다운 몸을 위해서는 자신에게 알맞은 운동을 선택하여 하고, 시간을 정해 규칙적으로 하는 것이 좋다. 또 운동을 하기 전에는 반드시 준비 운동을 하고, 운동을 마친 뒤에는 정리 운동을 해야 한다.

어휘 뜻
- **여가(餘** 남을 여, **暇** 틈 가) 일이 없어 남는 시간.
- **산소** 생물이 숨 쉬는 공기 속에 많이 들어 있고 물과 여러 가지 먹을거리의 중요한 성분. 냄새와 빛깔이 없고 생물이 숨 쉬기 위해 반드시 필요함.
- **순환(循** 돌 순, **環** 고리 환) 주기적으로 자꾸 되풀이하여 돎.
- **근육** 힘줄과 살을 통틀어 이르는 말.

어휘 퀴즈 다음 뜻을 지닌 낱말을 찾아 ✔표 하세요.

❶ 어떤 것에 마음이 끌려 주의를 기울임.
　☐관계　　　☐관심　　　☐무시

❷ 무엇이 갑작스레 퍼지거나 일어나는. 또는 그런 것.
　☐비교적　　☐가급적　　☐폭발적

5 다음 빈칸에 공통으로 들어갈 말을 쓰세요.

운동의 종류 ─┬─ [ ]를 사용하는 유산소 운동
            └─ [ ]를 사용하지 않는 무산소 운동

( )

6 이 글에서 무산소 운동에 대해 말한 내용을 두 가지 고르세요. (,)

① 피의 순환을 도와준다.
② 근육을 만드는 데 뛰어나다.
③ 산소를 이용하여 몸속에 에너지를 만든다.
④ 짧은 시간에 폭발적인 힘을 내는 운동이다.
⑤ 숨을 쉬면서 힘을 조금 들이며 오랫동안 할 수 있다.

5주
·
4일

7 글쓴이가 말한 알맞은 운동 방법은 무엇인가요? ( )

① 일 년에 한 번 운동을 하자.
② 운동하기 전에 준비 운동을 하자.
③ 무조건 주변 사람이 하는 운동을 따라 하자.
④ 몸무게를 줄이려면 100미터 달리기만 하자.
⑤ 운동을 마친 뒤에 정리 운동을 하지 말고 쉬자.

⏱30초 요약

8 다음 빈칸에 알맞은 말을 넣어 "알맞은 운동을 하자"의 핵심 내용을 한 문장으로 요약하세요.

운동의 [ ][ ] 와 [ ][ ][ ] 을 바르게 알고 [ ]

[ ] 을 해야 합니다.

지문 분석 강의

메두사의 섬

　세 마리의 괴물은 큰 구렁이처럼 생겼고 등에는 날개가 번쩍였습니다. 사람처럼 생긴 머리는 땅에 처박은 채 쿨쿨 자고 있었습니다.

　주변에는 돌로 변한 사람들과 짐승들이 널려 있었습니다. 페르세우스도 그 무시무시한 얼굴을 똑바로 보았다면, 순식간에 돌덩이가 되었을 것입니다.

　"이때야. 저 괴물이 자고 있을 때 목을 잘라야 해."

　헤르메스가 외쳤습니다.

　그러나 세 마리의 괴물 중 어느 것이 메두사인지 알 수 없었습니다.

　그때 다시 아테나의 목소리가 들려왔습니다.

　"지금 몸뚱이를 꿈틀거린 것이 메두사이다. 절대 그 얼굴을 보면 안 된다. 보는 순간 돌로 변할 테니까. 네 방패로 메두사를 비춰 보아야 한다."

　페르세우스는 그제야 헤르메스가 왜 방패를 반들반들하게 닦게 했는지를 깨달았습니다. 페르세우스는 방패에 비친 모습을 보며 살금살금 다가갔습니다. 그때, 방패에 무시무시한 메두사의 얼굴이 비쳤습니다.

　"쉬익, 쉬이익!"

　메두사가 눈을 뜨자, 머리에 붙은 뱀들도 일제히 고개를 들었습니다.

　페르세우스는 힘껏 칼을 내리쳤습니다. 페르세우스의 칼은 쇠비늘을 뚫고 메두사의 목을 한 번에 베어 버렸습니다.

작품의 전체 줄거리

페르세우스는 세 요정을 만나 괴물 메두사가 살고 있는 섬을 가르쳐 달라고 함.	세 요정은 페르세우스에게 하늘을 날 수 있는 구두, 몸을 숨기는 투구, 마법의 자루를 줌.	**수록지문** 페르세우스는 메두사가 사는 섬을 찾아가 메두사의 머리를 벤 뒤, 마법의 자루에 담음.	페르세우스는 투구를 써서 몸을 숨기고 섬을 빠져나와 어머니가 기다리고 있는 섬으로 감.

어휘 퀴즈 다음 뜻을 지닌 낱말을 찾아 ✔표 하세요.

❶ 눈을 한 번 깜짝하거나 숨을 한 번 쉴 만한 아주 짧은 동안.

　☐ 영원히　　☐ 끝내　　☐ 순식간

❷ 남모르게 조용히 움직이는 모양.

　☐ 반들반들　　☐ 살금살금　　☐ 쿨쿨

어휘 뜻

● **무시무시한** 몹시 무서운.

● **반들반들** 거죽이 아주 매끄럽고 윤이 나는 모양.

1 메두사의 얼굴을 보면 어떤 일이 생기나요? (   )

① 몸이 돌로 변한다.　　　　　② 몸이 개미처럼 작아진다.

③ 온몸에 쇠비늘이 돋아난다.　　④ 머리카락이 뱀으로 변한다.

⑤ 메두사에게 잡아먹히게 된다.

2 헤르메스가 페르세우스에게 방패를 반들반들하게 닦게 한 까닭은 무엇일까요? (   )

① 방패를 비싸게 보이게 하려고

② 방패에 햇빛이 잘 반사되게 하려고

③ 메두사가 방패를 쳐다보지 못하게 하려고

④ 방패에 메두사의 모습이 잘 비치게 하려고

⑤ 메두사의 몸이 방패에 닿으면 미끄러지게 하려고

3 이 이야기에서 가장 먼저 일어난 일은 무엇인지 찾아 기호를 쓰세요.

> ㉮ 페르세우스가 메두사의 목을 한 번에 베었다.
>
> ㉯ 페르세우스가 메두사에게 살금살금 다가갔다.
>
> ㉰ 아테나가 페르세우스에게 방패로 메두사를 비추어 보라고 하였다.

(   )

⏱**30초 요약**

4 다음 빈칸에 알맞은 말을 넣어 "메두사의 섬"의 핵심 내용을 한 문장으로 요약하세요.

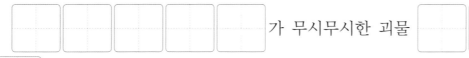

□□□□□ 가 무시무시한 괴물 □□

□ 를 물리쳤습니다.

5주·5일

단군 이야기

소년이 된 단군은 지혜롭고 사냥 솜씨가 뛰어났어요. 아무리 날쌘 멧돼지나 사슴이라도 단군의 돌 화살촉을 피하지는 못했어요.

사람들은 문제가 생기면 단군을 찾아왔고 단군이 해결하지 못하는 일은 없었지요. 사람들은 점점 더 단군을 높이 우러러보았고, 마침내 단군왕검이라 부르게 되었어요. 단군왕검은 하늘에 제사를 지내는 왕이라는 뜻이었지요.

단군왕검은 백성들과 함께 태백산을 내려와 평양성에 서울을 정하고 나라의 이름을 '조선'이라 하였어요. 단군 조선은 한반도에 세워진 우리의 첫 번째 나라였지요.

단군왕검은 성을 높이 쌓아 나라를 지키도록 했어요. 단군왕검은 실을 만드는 법을 알아내어 백성들이 옷을 지어 입게 하였어요. 또 백성들에게 벼, 보리, 콩, 수수를 농사짓게 했고, 반달돌칼을 만들어 곡식을 거두어들이기 쉽도록 했어요.

단군왕검이 지혜롭게 나라를 다스리니, 사람들은 모두 착하게 살았어요. 단군왕검은 천오백 년 동안이나 나라를 다스린 뒤, 산으로 들어가 산신령이 되었어요.

작품의 **전체 줄거리**

환웅은 널리 인간 세상을 이롭게 하기 위해 여러 신과 함께 신단수에 내려가 사람들에게 360가지 세상일을 가르침.	환웅은 사람이 되고 싶어 하는 호랑이와 곰에게 백일 동안 동굴에서 마늘과 쑥만 먹으면 사람이 될 수 있다고 함.	호랑이는 끝까지 참지 못하고 동굴을 뛰쳐나갔고, 환웅은 곰이 변해서 된 여자인 웅녀와 결혼을 하여 단군을 낳음.	**수록지문** 단군왕검이 평양성에 서울을 정해 단군 조선을 세우고 나라를 지혜롭게 다스리자 백성들이 모두 착하게 삶.

어휘 뜻

- **화살촉** 화살 끝에 박은 뾰족한 쇠.
- **우러러보았고** 마음속으로 공경하여 떠받들었고.
- **반달돌칼** 원시 시대에 이삭을 따는 데에 쓰던 반달 모양의 석기.

어휘 퀴즈 다음 뜻을 지닌 낱말을 찾아 ✔표 하세요.

1 남북한 국토를 이루고 있는 반도. 또는 남북한.

☐ 한민족 ☐ 한반도 ☐ 한겨레

2 나라나 집안의 일을 보살피다.

☐ 다스리다 ☐ 지혜롭다 ☐ 해결하다

5 단군왕검은 무엇을 뜻하는 말인가요? (   )

① 나라의 첫 번째 왕   ② 하늘에서 내려온 왕

③ 하늘의 부름을 받은 왕   ④ 하늘에 제사를 지내는 왕

⑤ 왕 가운데에서 가장 뛰어난 왕

6 단군 조선에 대한 설명으로 알맞은 것을 찾아 기호를 쓰세요.

㉮ 단군왕검이 세운 나라이다.

㉯ 산신령이 오래 다스린 나라이다.

㉰ 단군 조선의 서울은 태백산이다.

㉱ 한반도에 세워진 우리의 두 번째 나라이다.

5주
·
5일

7 다음 중 단군왕검이 한 일이 <u>아닌</u> 것은 무엇인가요? (   )

① 실 만드는 법을 알아내었다.

② 사람들의 문제를 해결해 주었다.

③ 백성들을 무섭고 엄하게 다스렸다.

④ 백성들에게 벼, 보리, 콩, 수수를 농사짓게 하였다.

⑤ 반달돌칼을 만들어 곡식을 거두어들이기 쉽도록 하였다.

30초 요약

8 다음 빈칸에 알맞은 말을 넣어 "단군 이야기"의 핵심 내용을 한 문장으로 요약하세요.

단군왕검은 [ ][ ][ ]에 서울을 정하고, 한반도에 우리의 첫

번째 나라인 [ ][ ][ ][ ]을 세워 지혜롭게 다스렸습니다.

1 다음 문장을 읽고, ( )에 공통으로 들어갈 낱말을 완성하세요.

(1)

① 고래는 바다에서 살고, 사자는 ( )에서 산다.
(뜻) 강이나 바다와 같이 물이 있는 곳을 뺀 지구의 겉면.

② 사냥꾼이 날아가는 새를 향해 총을 ( ) 쏘았다.
(뜻) 총을 쏘는 소리.

ㄸ

(2)

① 규칙적인 식사를 하면 ( ) 건강을 지킬 수 있다.
(뜻) 큰창자와 작은창자를 통틀어 이르는 말.

② 종이 열 ( )에 모두 그림을 그렸다.
(뜻) 종이나 유리 따위의 얇고 넓적한 물건을 세는 단위.

ㅈ

(3)

① 유산소 운동은 ( )를 사용하는 운동이다.
(뜻) 냄새와 빛깔이 없고 생물이 숨 쉬기 위해 필요한 것.

② 지난 봄에 할머니 ( )에 성묘를 다녀왔다.
(뜻) 무덤을 높여 이르는 말.

사 ㅅ

2 다음 문장을 잘 읽어 보고, 두 낱말 중 맞춤법에 맞는 낱말을 찾아 ○표 하세요.

(1) 우리 우정, [영원이 / 영원히] 변치 말자.

(2) 이 노래의 [노랫말 / 노래말]은 무척 아름답고 슬프다.

(3) 네가 이렇게 일찍 오다니, 이게 [웬일 / 왠일]이냐?

(4) 엘리베이터 안에 식당 광고지가 [붇어 / 붙어] 있다.

(5) 공기 맑은 곳에 나무로 집을 [짓고 / 짖고] 살고 싶다.

(6) 나는 누나가 저 문이 [다친 / 닫힌] 다음에나 돌아올 것 같았다.

3 다음 사진과 설명을 보고, 밑줄 그은 곳에 들어갈 낱말을 •**보기**•에서 찾아 써 넣으세요.

┌─ •보기 ─────────────────────────────────┐
│   공해   순환   정지   여가   소화   │
└──────────────────────────────────────┘

(1) _____를 활용하여 다양한 취미 생활을 할 수 있다.

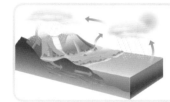

(2) 물은 수증기로 되었다가 구름을 이루고, 비나 눈이 되어 땅으로 떨어지며 _____한다.

(3) 오늘날, 곳곳에 공장이 들어서고 자동차가 늘어나면서 _____가 심각해졌다.

5주·5일

4 다음 밑줄 그은 낱말의 반대말을 완성하세요.

(1)
밑은 보름달이 길을 환하게 비추어 주었다.

| ㅇ | ㄷ | ㅇ | 밤길을 혼자 걸어가려니 무서웠다.

(2)
시장에 가면 먹을거리와 볼거리가 풍부하다.

친구의 생일 선물을 사기에는 돈이 너무 | ㅂ | ㅈ | ㅎ | ㄷ |.

(3)
아버지와 나는 좋아하는 음식이 같다.

동생과 나는 얼굴은 닮았지만 성격은 서로 | ㄷ | ㄹ | ㄷ |.

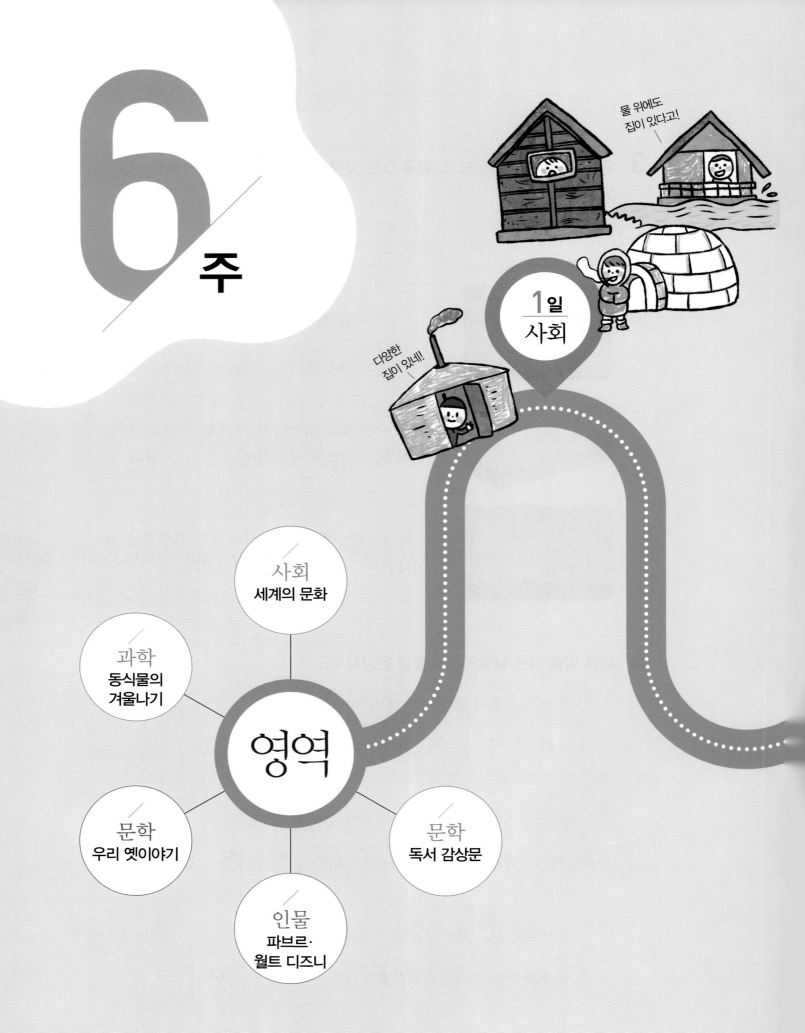

물 위에도
집이 있다고!

다양한
집이 있네!

1일
사회

사회
세계의 문화

과학
동식물의
겨울나기

영역

문학
우리 옛이야기

인물
파브르·
월트 디즈니

문학
독서 감상문

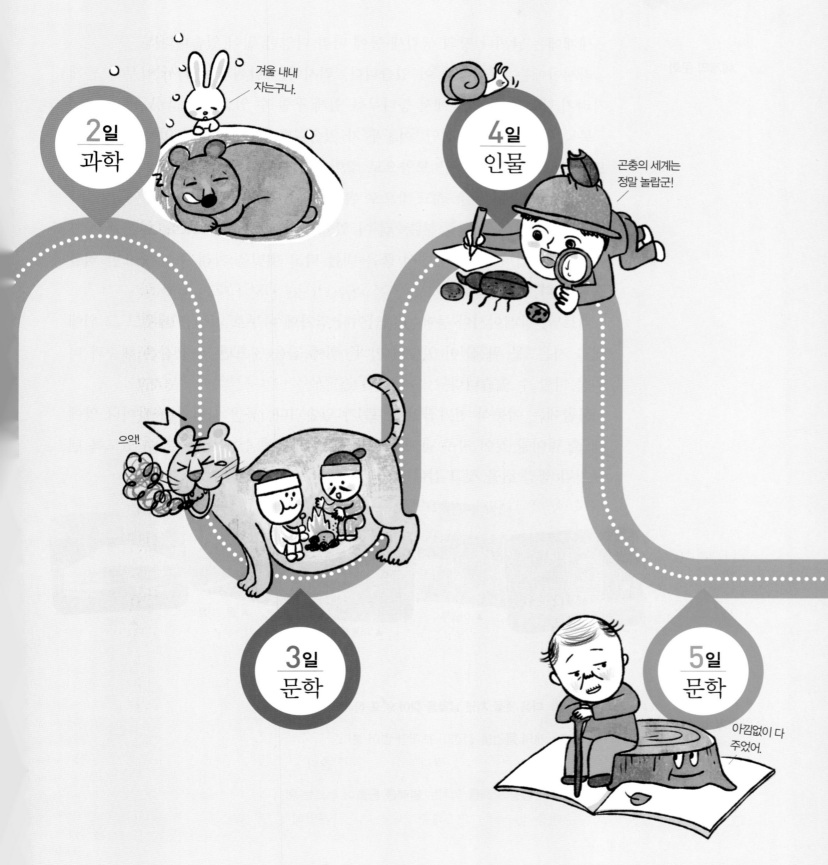

지문 분석 강의

세계 여러 나라의 집

세계에는 날씨나 땅의 생김새 등에 따라 다양한 집이 있습니다.

러시아에는 '통나무집'이 있습니다. 러시아는 날씨가 추워서 나무가 곧게 자라기 때문에 주변 숲에서 통나무를 쉽게 구할 수 있습니다.

북극 지방에는 얼음집인 '이글루'가 있습니다. 단단한 눈과 얼음을 큰 벽돌 모양으로 자른 뒤, 둥근 모양으로 쌓아 만듭니다. 이글루에는 창문이 없고, 들어가는 입구는 매우 좁고 밖으로 튀어나와 있습니다.

아프리카에는 '마른풀 지붕 집'이 있습니다. 집 이름 그대로, 마른풀로 만든 지붕 집입니다. 이 집에서 풀은 비를 막고 햇빛을 가려 주는 중요한 역할을 합니다.

베트남, 말레이시아 등에는 해안이나 강가에 나무로 기둥을 세우고 그 위에 집을 지은 '물 위 집'이 있습니다. 물 위에 집을 지으면 모기 같은 해충과 더위를 피할 수 있습니다.

몽골에는 이동식 천막집인 '게르'가 있습니다. 몽골 사람들은 말이나 양에게 줄 먹이를 찾아 자주 옮겨 다니며 살기 때문에 쉽게 이사 갈 수 있도록 텐트처럼 생긴 집을 짓고 삽니다.

▲ 통나무집   ▲ 이글루   ▲ 마른풀 지붕 집   ▲ 물 위 집   ▲ 게르

어휘 뜻
• 입구(入 들 입, 口 입 구) 들어가는 통로.
• 해안(海 바다 해, 岸 언덕 안) 바다와 육지가 맞닿은 부분.

어휘 퀴즈 다음 뜻을 지닌 낱말을 찾아 ✔표 하세요.

❶ 여러 개의 물건을 겹겹이 포개어 얹어 놓다.

☐ 씻다   ☐ 쌓다   ☐ 쏟다

❷ 인간의 생활에 해를 끼치는 벌레를 통틀어 이르는 말.

☐ 대충   ☐ 해충   ☐ 애벌레

1 이 글에서 가장 중요한 내용은 무엇인가요? ( )

① 이글루에 창문이 없다.
② 말레이시아에는 물 위 집이 있다.
③ 세계에는 다양한 모양의 집이 있다.
④ 러시아에서는 통나무를 쉽게 구한다.
⑤ 몽골 사람들은 자주 옮겨 다니며 산다.

2 다음 친구들이 살고 있는 집을 찾아 알맞게 선으로 이으세요.

(1) ◀ 몽골
(2) ◀ 아프리카
(3) ◀ 북극 지방

㉮   ㉯   ㉰

3 이 글을 읽고 알게 된 점으로 알맞지 <u>않은</u> 것은 무엇인가요? ( )

① 날씨와 집의 모양은 서로 관련이 없다.
② 지역의 날씨에 따라 집의 모양도 달라지는 것 같다.
③ 몽골의 게르처럼 여기저기로 옮길 수 있는 집이 있다.
④ 지역에서 쉽게 구할 수 있는 재료로 집을 짓는 것 같다.
⑤ 집의 모양은 달라도 모두 사람들이 편리하게 살 수 있도록 만든 것 같다.

 30초 **요약**

4 다음 빈칸에 알맞은 말을 넣어 "세계 여러 나라의 집"의 핵심 내용을 한 문장으로 요약하세요.

러시아는 통나무집, 북극 지방은 이글루, 아프리카는 마른풀 지붕 집, 베트남

등은 물 위 집, 몽골은 ☐☐ 처럼 세계에는 다양한 ☐ 이 있습니다.

6주 · 1일

여러 가지 맛, 똠얌꿍

타이는 매우 더운 나라예요. 하지만 더운 날씨 덕분에 일 년 내내 각종 곡식과 과일, 채소가 잘 자라고, 해산물도 많아요. 이런 다양한 재료에 향신료와 허브를 사용하기 때문에 타이의 음식은 다채롭고 화려해요. 더운 지방의 음식에 사용하는 향신료나 허브는 맛을 좋게 해 줄 뿐만 아니라 음식이 상하는 걸 막아 주기도 한답니다.

전 세계의 많은 사람이 타이 음식을 좋아하는데 그중에서도 똠얌꿍을 으뜸으로 쳐요.

똠얌꿍은 육수에 새우와 채소 그리고 여러 가지 향신료와 허브를 넣어 5~6시간 동안 푹 끓인 수프예요.

똠얌꿍의 이름을 알면 똠얌꿍이 어떤 음식인지 알 수 있어요. 타이 말로 똠(tom)은 '끓이다', 얌(yam)은 '새콤한 맛'을 뜻해요. 그리고 '꿍'은 새우를 뜻하고요. 새우 대신 닭고기를 넣으면 '똠얌카이'가 되지요. 우리가 찌개의

▲ 똠얌꿍

재료에 따라 된장찌개, 김치찌개라고 부르는 것과 비슷해요.

똠얌꿍을 먹으면 매운맛, 신맛, 단맛, 짠맛이 동시에 느껴지는데 이 맛과 향신료의 향이 입 안에서 잘 어우러져요. 똠얌꿍의 뜨거운 국물에 쌀국수를 넣어 먹거나 밥과 함께 먹으면 한 끼 식사로 든든하답니다.

어휘 뜻

- **해산물 (海** 바다 해, **産** 낳을 산, **物** 만물 물) 바다에서 나는 동식물을 통틀어 이르는 말.
- **향신료 (香** 향기 향, **辛** 매울 신, **料** 헤아릴 료) 음식에 맵거나 향기로운 맛을 더하는 조미료.
- **허브** 예로부터 약이나 향료로 써 온 식물. 라벤더, 박하, 로즈메리 따위가 있음.

어휘 퀴즈 다음 뜻을 지닌 낱말을 찾아 ✔표 하세요.

❶ 여러 가지 색채나 형태, 종류 따위가 한데 어울리어 호화스럽다.

☐ 다채롭다　　☐ 단조롭다　　☐ 궁상스럽다

❷ 고기를 삶아 낸 물.

☐ 생수　　☐ 국수　　☐ 육수

5 이 글에 나오지 <u>않은</u> 내용은 무엇인가요? (　　　)

① 타이의 날씨

② 똠얌꿍을 만드는 방법

③ 향신료를 만드는 방법

④ 타이에 음식 재료가 다양한 까닭

⑤ 타이의 음식이 다채롭고 화려한 까닭

6 더운 지방에서 음식의 맛을 좋게 하고 음식이 상하는 것을 막기 위해 사용하는 것을 두 가지 고르세요. (　　,　　)

① 새우　　　　　② 허브　　　　　③ 육수

④ 향신료　　　　⑤ 닭고기

7 똠얌꿍을 먹을 때 느껴지는 맛이 <u>아닌</u> 것은 무엇인가요? (　　　)

① 신맛　　　　　② 단맛　　　　　③ 짠맛

④ 쓴맛　　　　　⑤ 매운맛

🕐 **30**초 **요약**

8 다음 빈칸에 알맞은 말을 넣어 "여러 가지 맛, 똠얌꿍"의 핵심 내용을 한 문장으로 요약하세요.

　　　　　　　　은　　　　의 대표적인 음식으로, 매운맛,

신맛, 단맛,　　　을 동시에 느낄 수 있습니다.

지문 분석 강의

동물들이 겨울을 나는 방법

동물들은 춥고 먹이도 별로 없는 겨울을 어떻게 날까요?

1 겨울잠을 자러 가지요.

땅속이나 나무 밑, 동굴 등에서 겨울잠을 자는 동물이 있습니다. 땅속이나 나무 밑은 땅 위보다 따뜻하고, 동굴은 겨울에도 온도와 습도가 일정해 겨울잠을 자기에 좋습니다.

곰은 동굴이나 나무 구멍 속에서 겨울잠을 자는데 중간중간 일어나서 먹이를 먹거나 똥을 누고 다시 자는 것을 반복합니다. 여름에 새끼를 밴 곰은 겨울잠을 자다가 새끼를 낳기도 합니다. 다람쥐는 땅속에서 몸의 열을 빼앗기지 않도록 몸을 둥글게 말고 겨울잠을 잡니다. 잠을 자다가 배가 고프면 가을에 모아 둔 도토리를 먹고 다시 잠을 잡니다. 뱀은 땅속이나 바위틈, 나무 밑에서 겨울잠을 잡니다. 여러 마리가 떼를 지어 똬리를 틀고 마치 죽은 듯이 꼼짝도 하지 않습니다. 고슴도치는 동굴이나 나무 구멍, 땅속에서 겨울잠을 잡니다. 고슴도치는 온몸에 난 가시 덕분에 깊은 곳에 숨지 않아도 동물들의 공격을 잘 받지 않습니다.

2 겨울잠을 자지 않아도 괜찮아요.

겨울잠을 자는 동물도 있지만, 겨울잠을 자지 않고 겨울을 나는 동물도 있습니다. 청설모는 먹이를 모아 저장해 놓고, 조금씩 꺼내 먹으며 겨울을 지냅니다. 여우는 털이 많아져서 추위를 잘 견딜 수 있습니다. 토끼는 털이 빠지고 두껍고 긴 털이 새로 나서 겨울을 따뜻하게 보낼 수 있습니다.

어휘 뜻

- **일정(— 한 일, 定 정할 정)해** 어떤 것의 양, 성질 등이 달라지지 아니하고 한결같아.
- **똬리** 둥글게 빙빙 틀어 놓은 것. 또는 그런 모양.

어휘 퀴즈 다음 뜻을 지닌 낱말을 찾아 ✔표 하세요.

1 철이나 기간을 보내다.

☐ 나다   ☐ 날다   ☐ 남다

2 배 속의 아이, 새끼, 알을 몸 밖으로 내놓다.

☐ 배다   ☐ 자다   ☐ 낳다

1 이 글에 나오지 <u>않는</u> 내용은 무엇인가요? (　　　)

① 동물들이 겨울을 나는 방법
② 동물들이 겨울잠을 자는 곳
③ 동물들이 겨울잠을 자는 까닭
④ 동물들이 겨울잠을 자는 방법
⑤ 동물들의 겨울나기를 도와줄 수 있는 방법

2 다음 중 겨울잠을 자는 동물을 모두 찾아 쓰세요.

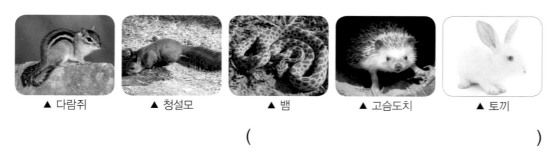

▲ 다람쥐　　　▲ 청설모　　　▲ 뱀　　　▲ 고슴도치　　　▲ 토끼

(　　　　　　　　　　　　　　　　　　　　　)

3 이 글의 내용으로 알맞으면 ○표, 알맞지 <u>않으면</u> ×표 하세요.

(1) 겨울에 토끼는 두껍고 긴 털이 새로 난다. 　　　　　　　　 (　　)
(2) 동물들은 자기에게 맞는 방법으로 겨울나기를 한다. 　　　 (　　)
(3) 청설모는 땅속에서 몸을 둥글게 말고 겨울잠을 잔다. 　　　 (　　)
(4) 곰은 한번 겨울잠을 자면 죽은 듯이 꼼짝도 하지 않는다. 　 (　　)

6주·2일

30초 요약

4 다음 빈칸에 알맞은 말을 넣어 "동물들이 겨울을 나는 방법"의 핵심 내용을 한 문장으로 요약하세요.

　곰, 다람쥐, 뱀, 고슴도치는 　　　　　　　을 자서 겨울을 나고,

청설모, 　　　, 토끼는 겨울잠을 자지 않고 겨울을 납니다.

겨울눈

추운 겨울이 찾아왔어요. 학교 운동장에 있던 목련도 가지만 남아 있어요. 그런데 자세히 보면 가지 끝마다 길쭉하면서 통통하고, 겉은 털옷을 입은 것처럼 잔털이 가득 나 있는 것을 볼 수 있어요. 목련의 겨울눈이에요.

겨울눈은 추위를 견디기 위해 나무들이 나무 끝에 만든 것이에요. 겨울눈 속에는 '꽃눈'과 '잎눈'이 들어 있어요. 꽃눈은 이듬해 꽃이 되고, 잎눈은 잎이 되지요. 이 꽃눈과 잎눈을 부드러운 껍질이 여러 겹 싸고 있고, 바깥쪽은 두꺼운 껍질이 싸고 있어서 추운 겨울에도 얼지 않는답니다.

나무의 종류에 따라 겨울눈을 보호하는 방법이 달라요. 동백나무는 여러 개의 비늘로 겨울눈을 둘러싸고, 버드나무는 하나의 비늘로 둘러싸요. 또 소나무는 끈적끈적한 액체와 털로 둘러싸지요.

겨울눈이 나무에만 달리는 것은 아니에요. 백합, 파, 마늘처럼 땅속에 겨울눈이 달리는 식물도 있고, 잔디처럼 땅 위에 겨울눈이 있는 식물도 있어요.

추운 겨울을 보내고 따뜻한 봄이 오면 뿌리에서 빨아들인 물이 겨울눈에 전달되어요. 그러면 겨울눈이 잠에서 깨어 꽃을 피우고 잎을 돋게 한답니다.

어휘 퀴즈 다음 뜻을 지닌 낱말을 찾아 ✔표 하세요.

❶ 바로 다음의 해.

☐ 올해　　　☐ 지난해　　　☐ 이듬해

❷ 속에 생긴 것이 겉으로 나오거나 나타나다.

☐ 돌다　　　☐ 돋다　　　☐ 돕다

5 이 글에서 가장 중요한 세 글자로 된 낱말을 찾아 쓰세요.

(   )

6 다음에서 설명한 '이것'은 무엇인가요? (   )

> • 이것은 겨울눈 속에 들어 있다.
> • 이것은 이듬해 잎이 되는 것이다.
> • 이것은 부드러운 껍질이 여러 겹 싸고 있고, 바깥쪽은 두꺼운 껍질이 싸고 있다.

① 꽃눈   ② 잎눈   ③ 비늘
④ 줄기   ⑤ 뿌리

7 다음 중 땅속에 겨울눈이 있는 식물을 모두 고르세요. (,   ,   )

① 파   ② 잔디   ③ 마늘
④ 백합   ⑤ 버드나무

30초 요약

8 다음 빈칸에 알맞은 말을 넣어 "겨울눈"의 핵심 내용을 한 문장으로 요약하세요.

추위를 견디기 위해 만드는 [ ][ ][ ]은 식물에 따라 보호하는 방법, [ ][ ][ ][ ] 등이 다릅니다.

지문 분석 강의

숯장수와 소금 장수

숯장수가 고갯마루를 넘다가 무서운 호랑이를 만났어요. 숯장수는 너무 놀라 바닥에 주저앉았고, 호랑이는 눈 깜짝할 사이에 숯장수를 꿀꺽 삼켰어요.

얼마 후, 정신을 차린 숯장수는 두리번두리번 주위를 살폈어요.

㉠"아이고, 여기가 무시무시한 호랑이 배 속이구나."

그때 '쿵' 하며 누군가가 미끄러져 들어왔어요.

"거기 누구시오? 나는 숯장수 김 서방이라오."

"나, 나는 소금 장수 박 서방이오."

소금을 짊어진 사람이 겁먹은 얼굴로 대답했어요. 호랑이 배 속에서 만난 두 사람은 금세 친해졌습니다. 시간이 흐르자 두 사람은 슬슬 배가 고프기 시작했어요. 갑자기 소금 장수가 무릎을 탁 쳤습니다.

"옳거니! 호랑이의 고기를 잘라 구워 먹읍시다!"

"소금으로 간을 맞추면 되겠구려!"

두 사람은 손뼉을 쳤어요. 얼마 지나지 않아 숯불이 활활 피어올랐어요. 곧 호랑이 고기가 노릇노릇 맛있게 구워졌지요.

두 사람은 호랑이 고기를 배불리 먹었습니다. 한편, 호랑이는 살점이 뜯길 때마다 아파서 떼굴떼굴 구르고 배 속의 뜨거운 숯불 때문에 펄쩍펄쩍 뛰었지요.

작품의 전체 줄거리

| 호랑이 때문에 사람들이 죽거나 다치자 임금님은 호랑이를 잡는 사람에게 큰 상을 내리겠다고 함. | **수록지문** 혼자 산을 오르다가 호랑이에게 잡아먹힌 숯장수는 호랑이의 배 속에서 소금 장수를 만남. | 숯장수와 소금 장수는 가지고 있던 숯과 소금으로 호랑이의 고기를 잘라 구워 먹음. | 호랑이는 아픔을 참지 못하고 뛰어다니다 절벽에서 떨어져 죽고, 임금님은 두 사람에게 상을 내림. |

어휘 뜻

● **주저앉았고** 서 있던 자리에 그대로 힘없이 앉았고.

● **간** 음식물의 짠 정도.

● **살점** 큰 고깃덩어리에서 떼어 낸 살의 조각.

어휘 퀴즈 다음 뜻을 지닌 낱말을 찾아 ✔표 하세요.

❶ 지금 바로.

☐ 오래   ☐ 금세   ☐ 어제

❷ 군데군데 노르스름한 모양.

☐ 활활   ☐ 노릇노릇   ☐ 펄쩍펄쩍

1 ⊙을 실감 나게 읽을 때 어울리는 목소리는 무엇인가요? (　　　)

① 화난 목소리　　　　　　　　② 다정한 목소리

③ 설레는 목소리　　　　　　　④ 겁에 질린 목소리

⑤ 잘난 척하는 목소리

2 이 이야기를 읽고 떠오르는 장면이 아닌 것은 무엇인가요? (　　　)

① 숯장수와 소금 장수가 만나는 장면

② 숯장수와 소금 장수가 다투는 장면

③ 숯장수가 호랑이를 보고 놀라는 장면

④ 숯장수와 소금 장수가 고기를 굽는 장면

⑤ 호랑이가 배를 움켜쥐고 펄쩍펄쩍 뛰는 장면

3 이 이야기에서 일이 일어난 순서에 맞게 기호를 쓰세요.

> ㉮ 호랑이가 숯장수를 삼켰다.
> ㉯ 호랑이가 소금 장수를 삼켰다.
> ㉰ 호랑이가 배가 아파 떼굴떼굴 굴렀다.
> ㉱ 숯장수와 소금 장수가 호랑이 고기를 구워 먹었다.

(　　　) → (　　　) → (　　　) → (　　　)

6주 · 3일

🕐30초 요약

4 다음 빈칸에 알맞은 말을 넣어 "숯장수와 소금 장수"의 핵심 내용을 한 문장으로 요약하세요.

호랑이의 [　　] 속에서 만난 [　　] 장수와 [　][　] 장수가 호랑이의 고기를 잘라 구워 먹자, 호랑이는 배가 아파 뛰어다녔습니다.

황새의 목은 왜 길어졌을까?

까마귀가 황새네 집에 찾아와 미꾸라지가 가득 담긴 바구니를 내밀었어요.

"황새님, 새들의 노래 대회에서 심사를 맡으셨죠? 잘 부탁드립니다."

까마귀는 황새에게 넙죽 큰절을 올렸습니다. 다음날, 새들이 황새네 집 앞으로 모였어요. 예쁘게 차려입은 꾀꼬리가 가장 먼저 노래했습니다.

"목소리는 예쁘지만 박자가 안 맞아."

황새가 얼굴을 찌푸리자 꾀꼬리는 얼굴이 빨개졌어요. 이어서 참새들의 합창과 제비들의 춤이 이어졌어요. 하지만 황새는 혀를 끌끌 찼어요.

"노력은 많이 했지만 마음에 들지 않아."

이제 까마귀가 노래할 차례가 되었습니다.

"까악까악, 깍깍, 까까깍……."

새들은 모두 눈살을 찌푸렸어요. 그런데 황새만 박수를 치며 기뻐했어요.

"흠, 심사 발표를 하겠습니다. 일 등은 까마귀!"

황새가 꽃목걸이를 까마귀에게 걸어 주자 새들이 화를 내며 웅성거렸어요. 그러자 까마귀와 황새가 슬금슬금 뒷걸음질을 쳤어요.

"거짓말쟁이 황새야, 어딜 도망가니?"

꾀꼬리가 황새의 목을 잡아당기자 다른 새들도 함께 황새 목을 잡아당겼어요. 이때 황새의 목이 쭈욱 늘어나서 기다랗게 되었답니다.

작품의 전체 줄거리

새들이 자기가 노래를 더 잘 부른다고 다투다가, 결국 노래 대회를 열기로 함.	**수록지문** 까마귀는 창피를 당할까 봐 대회 전날 황새를 찾아가 부탁을 함.	황새는 까마귀에게 일 등 상을 주었고, 새들이 심사 결과에 화가 남.	새들이 도망가는 황새의 목을 잡아당겨 황새의 목이 길어지게 되었음.

어휘 퀴즈 다음 뜻을 지닌 낱말을 찾아 ✔표 하세요.

1 빨갛게 되다.

☐ 빨개지다   ☐ 찌푸리다   ☐ 기다랗다

2 여러 사람이 모여 소란스럽게 떠드는 소리가 자꾸 나다.

☐ 적막하다   ☐ 웅성거리다   ☐ 덤벼들다

어휘 뜻

● 심사(審 살필 심, 査 조사할 사) 자세하게 조사하여 순위 따위를 결정함.

● 큰절 서서 하지 않고 앉으면서 허리를 굽혀 머리를 굽히는 절.

5 새들의 노래 대회가 열린 때와 장소를 쓰세요.

(1) 때: (   )

(2) 장소: (   )

6 이 글의 내용으로 알맞으면 ○표, 알맞지 <u>않으면</u> ×표 하세요.

(1) 새들은 까마귀가 노래를 잘한다고 생각했다.   (   )

(2) 새들은 황새가 공평하게 심사를 하지 않아 화가 났다.   (   )

(3) 새들이 황새의 목을 잡아당겨서 황새의 목이 길어졌다.   (   )

(4) 까마귀는 열심히 노력하여 노래 대회에서 일 등을 하였다.   (   )

(5) 까마귀는 황새에게 잘 보이기 위해 미꾸라지를 갖다주었다. (   )

7 이 글을 읽고 얻을 수 있는 교훈은 무엇인가요? (   )

① 좋은 친구를 사귀어야 한다.

② 착한 일을 하면 좋은 일이 생긴다.

③ 다른 사람과의 약속을 잘 지켜야 한다.

④ 다른 사람에게 자신을 너무 뽐내면 안 된다.

⑤ 시합은 이기는 것보다 정정당당하게 하는 것이 더 중요하다.

6주
·
3일

30초 요약

8 다음 빈칸에 알맞은 말을 넣어 "황새의 목은 왜 길어졌을까?"의 핵심 내용을 한 문장으로 요약하세요.

[   ][   ] 가 새들의 [   ][   ] 대회에서 공평하지 않게 심사를

하자 화가 난 새들이 황새의 [   ]을 잡아당겨 황새의 목이 길어졌습니다.

곤충 학자, 파브르

지문 분석 강의

시골에 있는 할아버지 집에서 자란 파브르는 자연 속에서 동물과 곤충에 대한 호기심을 키웠습니다.

'이 벌레의 이름은 뭘까? 어디에서 온 걸까? 신기하게 생겼네.'

처음 보는 동물이나 곤충에 관심을 쏟으며 노는 파브르를 두고 주변 어른들은 이상한 아이라 생각하였습니다.

어른이 된 파브르는 길을 걷다가 말똥을 굴리고 있는 쇠똥구리를 발견했습니다. 파브르는 쇠똥구리가 말똥을 굴리는 이유가 궁금해서 날마다 길바닥에 엎드려 쇠똥구리를 지켜보았습니다. 그러나 비밀은 쉽게 풀리지 않았습니다. 파브르는 쇠똥구리가 많이 모여 있는 목장에 찾아갔습니다. 쇠똥구리를 자세하게 관찰하기 위해서였습니다.

그러던 어느 날, 파브르는 쇠똥구리가 사는 땅속에서 갈색 구슬 같은 것을 발견했습니다. 그 구슬 속을 보니 하얀 알이 들어 있었습니다.

"그랬구나. 쇠똥구리는 똥으로 구슬을 만들어서 그 속에 알을 넣어 두었던 거야. 알에서 깨어난 애벌레는 똥으로 만든 구슬을 먹고 자라는 거였어."

이렇게 파브르는 평생 동안 곤충의 삶을 연구하여 '벌레 시인'이라 불렸으며, 30년 동안 10권이나 되는 『파브르 곤충기』를 썼습니다. 이 책 덕분에 사람들은 곤충에 대해 많은 것을 알게 되었습니다.

어휘 뜻

● **곤충**(昆 벌레 곤, 蟲 벌레 충) 나비·잠자리·벌과 같이 몸이 대개 단단한 껍질로 싸여 있고 머리·가슴·배의 세 부분으로 되어 있으며 마디가 많은 세 쌍의 발을 가진 작은 동물.

● **호기심**(好 좋을 호, 奇 신기할 기, 心 마음 심) 새롭거나 궁금한 일에 쏠리는 마음.

● **비밀**(祕 숨길 비, 密 빽빽할 밀) 밝혀지지 않은 내용. 또는 숨기어 남에게 드러내거나 알리지 말아야 할 일.

어휘 퀴즈 다음 뜻을 지닌 낱말을 찾아 ✔표 하세요.

❶ 마음이나 정성을 기울여 열중하다.

☐ 쐬다　　　☐ 쏟다　　　☐ 쉬다

❷ 소·말·양 등을 놓아 기르는 넓은 곳.

☐ 목장　　　☐ 목초　　　☐ 목판

1 파브르에 대한 설명으로 알맞지 <u>않은</u> 것은 무엇인가요? (　　　)

① 곤충에 관심이 많았다.

②『파브르 곤충기』를 썼다.

③ '벌레 시인'이라고도 불렸다.

④ 평생 동안 곤충의 삶을 연구하였다.

⑤ 어린 시절에 도시에서 자라 동물과 곤충을 무서워했다.

2 파브르의 성격으로 알맞은 것을 두 가지 고르세요. (　　,　　)

① 끈질기다.　　　　　　　　② 겁이 많다.

③ 호기심이 많다.　　　　　　④ 외로움을 잘 탄다.

⑤ 포기를 쉽게 한다.

3 파브르가 쇠똥구리를 관찰한 결과 알게 된 사실을 찾아 기호를 쓰세요.

> ㉮ 쇠똥구리는 무당벌레를 먹으며 산다.
> ㉯ 알에서 깨어난 애벌레는 똥으로 만든 구슬을 먹고 자란다.
> ㉰ 쇠똥구리는 똥으로 구슬을 만들어서 그 속에 알과 다른 곤충을 넣어 둔다.

6주 · 4일

⏱ **30초 요약**

4 다음 빈칸에 알맞은 말을 넣어 "곤충 학자, 파브르"의 핵심 내용을 한 문장으로 요약하세요.

　　동물과 곤충에 관심이 많았던 　　　　　　　　는 평생 동안 　　　의 삶을 연구하였고,『파브르 곤충기』를 썼습니다.

인물
/ **월트 디즈니**

미키 마우스를 탄생시킨 월트 디즈니

월트 디즈니는 1901년에 미국에서 태어났어요. 가정 형편은 어려웠지만 월트는 틈나는 대로 농장의 동물들을 그리며 즐거운 시간을 보내고는 했답니다.

월트는 아홉 살 때 아버지를 도와 새벽마다 신문을 돌렸어요. 월트는 날마다 신문에 실린 만화를 보며 만화가의 꿈을 조용히 키워 나갔지요.

어른이 된 월트는 영화사에서 일했지만 회사가 돈을 주지 않아 어려움에 빠졌어요. 어느 날, 끼니를 이을 돈조차 없었던 월트는 친구가 준 빵을 먹고 있었어요. 어디선가 생쥐 한 마리가 찍찍거리며 달려 나왔어요.

㉠『"너도 배가 고픈 게로구나."

월트가 빵을 조금 떼어 주자 생쥐는 빵 조각을 물고 쥐구멍으로 달아났어요. 잠시 후, 생쥐가 빵을 더 달라는 듯 다가와 귀여운 몸짓으로 재롱을 부렸어요. 그날 이후 월트는 먹을 것이 생길 때마다 생쥐에게 나누어 주었어요.』

밤낮으로 새로운 만화 영화 주인공을 고민하던 월트는 이 생쥐를 보고 '미키 마우스'라는 주인공을 탄생시켰어요. 미키 마우스의 인기는 날이 갈수록 하늘을 찌를 듯이 높아만 갔어요.

그리고 시간이 흘러 월트는 미키 마우스 시리즈로 아카데미상을 받았어요. 만화 영화가 아카데미상을 받은 것은 처음이었답니다. 이후에도 월트는 「백설 공주」, 「피노키오」 등 수많은 만화 영화를 만들어 전 세계 어린이들에게 꿈과 희망을 주었어요.

어휘 뜻

● **형편**(形 모양 형, 便 편할 편) 살림살이.

● **농장**(農 농사 농, 場 마당 장) 농토나 농작물을 관리하고 농사짓는 데 편리하게 하려고 논밭 근처에 모든 시설을 갖추어 놓은 집.

● **아카데미상** 1928년부터 해마다 영화인에게 주는 최고의 상. 작품, 감독, 배우, 기술, 음악 등 여러 분야에서 우수한 작품이나 사람을 선정하여 오스카라는 조각상을 줌.

어휘 퀴즈 다음 뜻을 지닌 낱말을 찾아 ✔표 하세요.

❶ 아침, 점심, 저녁과 같이 날마다 일정한 시간에 먹는 밥.

☐ 끼니   ☐ 간식   ☐ 이유식

❷ 어떤 것에 쏠리는 많은 사람의 관심이나 좋아하는 마음.

☐ 창작   ☐ 인기   ☐ 탄생

5 월트의 어린 시절에 대한 설명으로 알맞지 <u>않은</u> 것은 무엇인가요? (   )

① 영화사에서 일했다.

② 가정 형편이 어려웠다.

③ 아버지를 도와 새벽마다 신문을 돌렸다.

④ 농장의 동물들을 그리며 시간을 보냈다.

⑤ 신문에 실린 만화를 보며 만화가의 꿈을 키웠다.

6 ㉠『   』과 같은 월트의 말과 행동을 보고 자신의 생각을 알맞게 말한 친구는 누구인지 찾아 ○표 하세요.

월트는 빵 조각을 물고 쥐구멍으로 달아난 생쥐가 얄미웠을 것 같아.

월트는 어려운 처지에 놓여 있어도 동물에게 먹을 것을 나눠 주었네.

월트처럼 갑자기 빵을 잃게 된다면 속상할 것 같아.

(1) (   ) (2) (   ) (3) (   )

7 월트가 미키 마우스 시리즈로 받은 상의 이름을 찾아 쓰세요.

(   )

30초 **요약**

8 다음 빈칸에 알맞은 말을 넣어 "미키 마우스를 탄생시킨 월트 디즈니"의 핵심 내용을 한 문장으로 요약하세요.

만화가의 꿈을 키운 월트 디즈니는 빵을 먹다가 만난 생쥐를 보고

‘ [ ][ ][ ][ ][ ] ’라는 만화 주인공을 탄생시켰습니다.

『아낌없이 주는 나무』를 읽고

지문 분석 강의

문학
/ 독서 감상문

도서관에서 『아낌없이 주는 나무』를 읽었다. 선생님께서 깊은 감동을 주는 책이라고 추천해 주셔서 읽게 되었다.

나무는 매일 자신을 찾아오는 소년을 사랑했다. 소년과 나무는 둘도 없는 친구였다. 하지만 소년은 어른이 되면서 필요한 것이 있을 때만 나무를 찾아왔다. 나무는 소년이 올 때마다 열매, 가지, 줄기를 내주었다. 그리고 노인이 된 소년을 위해 마지막 남은 그루터기를 내어 주면서도 나무는 행복해했다.

이 책을 읽는 내내 나는 부모님이 생각났다. 부모님도 나를 위해 무엇이든지 아낌없이 주시기 때문이다. 맛있는 음식을 먹을 때면 엄마는 내가 다 먹은 뒤에야 음식을 드신다. 시장에 가서도 엄마의 물건보다는 내 물건을 사려고 하신다. 내가 웃으면 엄마도 기쁘기 때문이라고 하셨다. 한번은 공이 날아와 내가 맞을 뻔한 일이 있었다. 그때 아빠가 나를 감싸 안아서 아빠의 등에 공이 맞았다. 아빠 등에 멍이 들었을 텐데 아빠는 내가 다치지 않았는지를 먼저 물으셨다.

소년이 나무의 고마움을 몰랐던 것처럼 나도 부모님의 고마움을 몰랐던 것 같다. 새삼 부끄러웠다. 그리고 오늘따라 부모님의 사랑이 깊이 와 닿았다.

어휘 뜻
• 감동(感 느낄 감, 動 움직일 동) 크게 느끼어 마음이 움직임.
• 추천(推 밀 추, 薦 올릴 천) 어떤 조건에 맞는 것을 소개함.

어휘 퀴즈 다음 뜻을 지닌 낱말을 찾아 ✓표 하세요.

❶ 풀이나 나무 따위의 아랫동아리. 또는 그것들을 베고 남은 아랫동아리.
☐ 줄기　　　☐ 열매　　　☐ 그루터기

❷ 이전의 느낌이나 감정이 다시 새롭게.
☐ 마지막　　　☐ 내내　　　☐ 새삼

1 이 글에 나오지 <u>않는</u> 내용은 무엇인가요? (　　　)

① 책의 제목　　　　　　　　② 책의 내용
③ 앞으로의 다짐　　　　　　④ 책을 읽은 까닭
⑤ 책을 읽고 난 뒤의 생각이나 느낌

2 소년에게 아낌없이 내어 준 나무와 가장 어울리는 낱말은 무엇인가요?

(　　　)

① 용기　　　　　② 희생　　　　　③ 실패
④ 건강　　　　　⑤ 미움

3 글쓴이가 『아낌없이 주는 나무』를 읽고 느낀 점을 두 가지 고르세요.

(　　, 　　)

① 부모님의 사랑을 더 깊이 깨달았다.
② 아빠가 공에 맞아 멍이 든 적이 있다.
③ 부모님의 고마움을 몰랐던 것이 부끄럽다.
④ 나무는 소년에게 열매, 가지, 줄기를 내주었다.
⑤ 아낌없이 주는 나무처럼 부모님도 자식에게 아낌없이 베풀어야 한다.

6주
·
5일

🕐30초 요약

4 다음 빈칸에 알맞은 말을 넣어 "『아낌없이 주는 나무』를 읽고"의 핵심 내용을
한 문장으로 요약하세요.

『아낌없이 주는 나무』는 ☐☐ 을 위해 모든 것을 아낌없이 내어

준 ☐☐ 의 이야기로, 부모님의 ☐☐ 을 떠올리게 합니다.

문학
/ 독서 감상문

『헬렌 켈러』를 읽고

　지난 일요일, 텔레비전에서 헬렌 켈러의 일생에 대한 내용을 보았다. 나는 헬렌 켈러에 대해 더 자세히 알고 싶어서『헬렌 켈러』책을 빌려 보았다.

　헬렌 켈러는 건강하게 태어났지만 어릴 때 심한 열병을 앓은 뒤, 보지도 못하고 듣지도 못하고 말도 못하게 되었다. 나는 이 부분에서 마음이 너무 아팠다. 나는 예전에 두 눈을 가리고 술래잡기를 한 적이 있다. 그때 앞이 보이지 않아 더듬거리며 걸어가다가 의자에 부딪혀 엉엉 울었다. 그런데 평생 동안 사랑하는 가족의 얼굴도 못 보고 길도 보이지 않는다면 얼마나 끔찍할까? 게다가 소리까지 들을 수 없다니 마치 땅속에 있는 것처럼 무서울 것 같다.

　헬렌 켈러는 다행히 설리번 선생님을 만나 말하는 법을 배우고, 글도 읽을 수 있게 되었다. 설리번 선생님은 헬렌 켈러에게 물건을 만지게 한 뒤, 그 낱말을 몇 번이고 반복해서 헬렌 켈러의 손바닥에 써 주었다. 헬렌 켈러는 낱말 하나를 익히기 위해 정말 피나는 노력을 했던 것이다. 결국 헬렌 켈러는 대학에 들어갔고, 자신처럼 몸이 불편한 사람들을 도우면서 살았다.

　이 책을 읽으며 이제부터 공부를 좀 더 열심히 해야겠다고 생각했다. 나는 헬렌 켈러보다 눈도 잘 보이고, 귀도 잘 들리고, 말도 잘할 수 있는데 이렇게 놀기만 하면 너무 부끄러운 일이다. 그리고 조금 하다가 어려우면 금방 포기하는 습관을 고치고, 내가 하고자 하는 일을 끝까지 노력하여 해내야겠다.

어휘 뜻

● **일생**(一 한 일, 生 날 생)　세상에 태어나서 죽을 때까지의 동안.

● **열병**　열이 몹시 오르고 심하게 앓는 병.

어휘 퀴즈 다음 뜻을 지닌 낱말을 찾아 ✔표 하세요.

❶ 세상에 태어나서 죽을 때까지의 동안.
　☐ 평생　　　☐ 유년　　　☐ 노년

❷ 하려던 일을 도중에 그만두어 버림.
　☐ 용기　　　☐ 포기　　　☐ 연기

5 글쓴이가 『헬렌 켈러』를 읽은 까닭은 무엇인가요? (　　　)

① 친구가 책을 선물해 주어서　　　② 평소에 존경하던 인물이어서

③ 책의 제목이 재미있어 보여서　　④ 선생님께서 읽어 보라고 하셔서

⑤ 헬렌 켈러에 대해 더 자세히 알고 싶어서

6 글쓴이가 『헬렌 켈러』를 읽고 다짐한 것을 두 가지 고르세요. (　　,　　)

① 좋은 대학에 들어가겠다.

② 공부를 더 열심히 하겠다.

③ 친구들과 술래잡기를 하지 않겠다.

④ 몸이 아프지 않게 운동을 열심히 하겠다.

⑤ 하고자 하는 일은 포기하지 않고 끝까지 해내겠다.

7 이 글에 대해 바르게 쓴 것을 찾아 색칠하세요.

(1) 책의 내용과 느낀 점을 번갈아 가며 썼다.

(2) 책을 읽은 까닭만 쓰고 느낀 점은 쓰지 않았다.

(3) 다른 친구에게 책을 추천하는 까닭을 썼다.

(4) 책을 읽은 다른 친구의 생각과 느낀 점을 썼다.

6주
·
5일

30초 요약

8 다음 빈칸에 알맞은 말을 넣어 "『헬렌 켈러』를 읽고"의 핵심 내용을 한 문장으로 요약하세요.

　　　『헬렌 켈러』는 장애를 이겨 낸 　　　　　　　　　　의 이야기로,

포기하지 않고 끝까지 노력하는 자세를 배울 수 있습니다.

1 다음 주황색으로 쓴 낱말의 뜻을 찾아 ○표 하세요.

(1)
> 우리 집 벽에 달린 액자를 볼래?

① 물건이 일정한 곳에 걸린. ( )
② 달음질쳐 빨리 가거나 온. ( )

(2)
> 쉽게 망가지는 것을 보니 이것이 싼 이유가 있을 것이다.

① 물건값이 보통보다 낮은. ( )
② 어떤 물체의 주위를 가리거나 막은. ( )

(3)
> 미역국을 간장으로 간을 한 다음, 계속 맛을 보았다.

① 음식물에 짠맛을 내는 물질. ( )
② 사람의 배 속에 있으면서 피를 맑게 거르는 일을 하는 것. ( )

2 다음은 낱말의 뜻을 국어사전에서 찾은 것입니다. 알맞게 채워 완성하세요.

(1)
비밀: | 수 | 기 | 어 | ㄴ | 에게 드
러내거나 알리지 말아야 할 일.

(2)
겨울눈: 나무나 여러해살이 식물의 꽃눈이
| ㅊ | ㅇ | 에 얼지 않도록 보호하는 껍질.

(3)
슬금슬금: 남이 잘 알아채지 못하게 움직이는
| ㅁ | 양 | .

3 다음 설명 내용을 생각하며 ( )에 들어갈 알맞은 낱말에 밑줄 그으세요.

> 낫다: 병이나 상처 따위가 고쳐져 본래대로 되다.
> 낳다: 배 속의 아이, 새끼, 알을 몸 밖으로 내놓다.
> 낮다: 아래에서 위까지의 높이가 기준이 되는 대상이나 보통 정도에 미치지 못하는 상태에 있다.

(1) 책상이 (낫고 / 낳고 / 낮고) 작아서 불편하다.

(2) 감기가 (낫는 / 낳는 / 낮는) 것 같더니 다시 심해졌다.

(3) 우리 집 강아지가 오늘 새끼를 (나았다 / 낳았다 / 낮았다).

4 다음 빈칸에 들어갈 가장 알맞은 낱말을 •보기•에서 찾아 써넣으세요.

> •보기•
> 슬슬   펄쩍펄쩍   끌끌

(1) 해영이는 준우를 [   ] 피하였다.

(2) 오빠는 동생이 컵을 깬 것을 보고 혀를 [   ] 찼다.

(3) 소풍을 간다는 말에 아이들이 [   ] 뛰며 좋아했다.

6주 · 5일

5 다음 밑줄 그은 낱말을 맞춤법에 맞게 고쳐 쓰세요.

(1) 오리 때가 뒤뚱뒤뚱 걸어가요. ➡ [   ]

(2) 오른쪽 팔에 예방 주사를 맏았다. ➡ [   ][   ][   ]

(3) 얼굴이 검으니 숱장수가 따로 없네. ➡ [   ][   ]

흉내 내는 말을 찾아요.

◉ 지난 일요일, 용휘는 신나는 마음으로 아빠와 함께 동물원에 갔어요. 동물원에 사는 동물 친구들에게 어울리는 흉내 내는 말은 무엇인지 찾아 색칠해 보세요.

초등 국어 **독해**와 **어휘**를 한 번에!

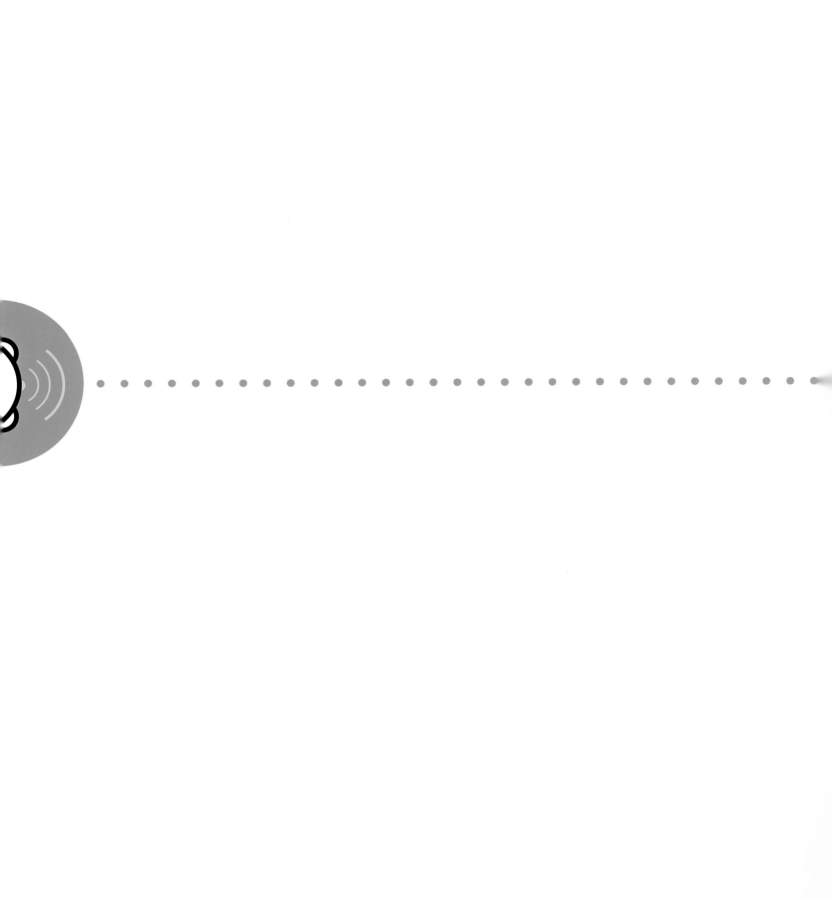

초능력 **국어 독해** ❶ 단계
학년

정답 및 풀이

동아출판

차례

초능력
국어 독해

정답 및 풀이

1단계

본문 10~13쪽

어휘 퀴즈

10쪽 / ❶ 고유　　❷ 장신구

12쪽 / ❶ 소　　❷ 강강술래

1 ③, ⑤

2 ⑤

3 ②, ④

4 한복 / 남녀 / 계절

5 중추절, 한가위

6 (1) ○　(2) ×　(3) ○

7 서준, 건우

8 차례 / 성묘 / 송편

지문이 궁금해

"우리의 옷, 한복"

• 글의 종류　설명하는 글

• 글의 특징　우리 민족 고유의 옷인 한복의 장점과 단점, 특징을 쓴 글입니다.

• 글의 흐름

한복은 장점과 단점이 있음.	→	한복은 남녀에 따라 다르게 입음.	→	한복은 계절에 따라 다르게 입음.

"추석을 소개합니다"

• 글의 종류　설명하는 글

• 글의 특징　우리나라 명절의 하나인 추석이 무엇인지 설명하고, 추석에 하는 일과 먹는 음식 등을 쓴 글입니다.

• 글의 흐름

추석은 최대 명절의 하나임.	→	추석에 차례를 지내고, 성묘를 감.	→	추석에 다양한 놀이를 즐김.

1 한복은 세탁하거나 보관하기 어렵고, 활동하기가 불편하다는 단점이 있습니다.

독해 비법　장점과 단점을 설명한 부분을 비교해요!

한복은 아름다울 뿐만 아니라 몸에 달라붙지 않아 건강에 좋
　　한복의 장점 ①　　　　　　　　　　　　한복의 장점 ②
아요. 또 몸매를 잘 드러내지 않아 뚱뚱하거나 마른 사람 모두
　　　　　　　　　　　　　　　　한복의 장점 ③
잘 어울려요. 하지만 세탁하거나 보관하기 어렵고, 활동하기가
　　　　　　　한복의 단점 ①　　　　　　　한복의 단점 ②
불편해서 평소에는 잘 입지 않아요.

2 ⑤가 여자가 입는, 우리 고유의 옷인 '한복'입니다.

오답을 조심해

① ◀ 중국 고유의 옷인 '치파오'

③ ◀ 한국 고유의 남자 옷인 '한복'

② ◀ 일본 고유의 옷인 '기모노'

④ ◀ 러시아 고유의 옷인 '루바시카'

3 옛날 여름에는 삼베와 모시로, 겨울에는 비단과 무명으로 한복을 만들어 입었습니다.

4 　한　복　은 우리 고유의 옷으로, 좋은 점이 많으며　남　녀　나　계　절　에 따라 다르게 입습니다.

5 추석은 중추절 또는 한가위라고도 합니다. 한가위에서 '가위'는 '가운데', '한'은 '크다'라는 뜻입니다.

6 추석에 송편을 먹고, 줄다리기, 활쏘기, 강강술래, 씨름 등을 합니다. 추석은 팔월 가운데에 있는 큰 명절로, 썰매 타기는 어울리지 않습니다.

7 추석날 밤에는 일 년 중 가장 크고 밝은 보름달이 뜬다고 하였습니다.

8 추석에는　차　례　를 지낸 뒤 조상의 산소에　성　묘　를 가고, 대표적인 음식인　송　편　을 만들어 먹고 다양한 놀이도 즐깁니다.

2일 과학

본문 **14~17**쪽

 어휘 퀴즈

14쪽 / ❶ 양분   ❷ 씨감자

16쪽 / ❶ 시곗바늘   ❷ 약재

1 ⑤

2 ②

3 ④

4 땅속 / 성분

5 ⑤

6 ②

7 (1) 🥤 (2) 🥤 (3) 🥤 (4) 🍎 (5) 🍎

8 덩굴 / 왼쪽 / 씨앗

 지문이 궁금해

"감자와 고구마"

- **글의 종류** 설명하는 글
- **글의 특징** 우리가 흔히 먹는 채소인 감자와 고구마의 같은 점과 다른 점이 무엇인지 비교하여 쓴 글입니다.
- **글의 흐름**

| 감자와 고구마는 채소로 땅속에서 자라는 점이 같음. | ➡ | 감자와 고구마는 자라는 모습, 심는 방법, 성분이 다름. |

"나는 누구일까?"

- **글의 종류** 소개하는 글
- **글의 특징** '내'(나팔꽃)가 피는 때, 모양, 색깔, 줄기를 감고 올라가는 방법, 쓰임 등을 소개하여 쓴 글입니다.
- **글의 흐름**

| '나'는 나팔 모양으로 피는 꽃임. | ➡ | '나'는 줄이나 막대를 감아 올라감. | ➡ | '나'는 약재로 쓰임. |

---

1 이 글은 감자와 고구마의 같은 점과 다른 점을 설명하고 있습니다.

2 글에서 감자를 설명한 부분을 찾습니다.

독해 비법 각 문단의 중요 내용을 알아봐요!

'문단'은 여러 문장이 모여 하나의 생각을 나타내는 부분

- 1문단(1~2줄): 감자와 고구마는 우리가 흔히 먹는 채소로, 모두 땅속에서 자랍니다.
- 2문단(3~6줄): 감자는 줄기가 변한 것이고, 고구마는 뿌리가 변한 것입니다.
- 3문단(7~8줄): 감자와 고구마는 심는 방법이 다릅니다.
- 4문단(9~11줄): 감자와 고구마는 성분이 다릅니다.

---

3 고구마는 고구마에 싹을 틔운 뒤 심어야 합니다.

4 감자와 고구마는 땅 속 에서 자라는 점이 같고, 자라는 모습, 심는 방법, 성 분 이 다릅니다.

5 '나'는 나팔꽃입니다. 글에서 나팔꽃 씨앗을 심는 방법에 대해서는 설명하지 않았습니다.

나팔꽃 ▶

6 나팔꽃은 7~8월에 핀다고 하였으므로, 여름에 많이 볼 수 있습니다.

7 나팔꽃은 담쟁이덩굴, 등나무 같은 덩굴식물이고, 나팔꽃의 씨를 잘 말려서 달여 먹으면 변비나 복통 등을 낫게 할 수 있다고 하였습니다.

오답을 조심해

(1) 나팔꽃 줄기는 왼쪽으로 감기며 올라갑니다.
(2) 나팔꽃 줄기에는 잔털이 많이 나 있습니다.
(3) 나팔꽃은 아침 일찍 피었다가 낮이 되면 점점 오므라듭니다.

8 나팔꽃은 덩 굴 식물로, 줄이나 막대를 왼 쪽 으로 감아 가며 자라고 씨 앗 은 약재로 쓰이기도 합니다.

3일 문학

본문 18~21쪽

어휘 퀴즈

18쪽 / ❶ 움켜쥐다   ❷ 환호성

20쪽 / ❶ 꽁꽁   ❷ 발버둥

---

1 ①

2 ④

3 (1) ㉮ (2) ㉯

4 독수리 / 거북 / 땅

5 (1) 마야 (2) 시누크

6 ⑤

7 (1) ○ (2) ○

8 남자아이 / 동생

지문이 궁금해

"거북과 독수리"

• 글의 종류 세계 명작 동화

• 글의 특징 하늘을 날고 싶어 한 거북이 하늘을 날게 되었지만, 계속 움직여 땅으로 떨어지고 만 내용의 이야기입니다.

• 글의 흐름

거북이 독수리의 도움을 받아 하늘을 날게 됨.	➡	거북이 독수리의 말을 듣지 않고 움직여 땅으로 떨어짐.

"꿀벌 마야의 모험"

• 글의 종류 세계 명작 동화

• 글의 특징 호기심이 많은 꿀벌 마야가 모험을 하다가 잠자리 시누크를 만났고, 시누크에게 이야기를 들으며 슬픈 마음을 느끼는 내용의 이야기입니다.

• 글의 흐름

마야가 시누크를 만나 사람에 대해 궁금해하던 점을 질문함.	➡	마야가 시누크에게 남자아이들의 장난 때문에 동생이 죽은 이야기를 듣게 됨.

1 하늘에서 세상을 보는 것이 소원이라고 한 것으로 보아, 거북은 하늘을 날고 싶어 합니다.

2 신이 난 거북이 몸을 마구 흔들어 대서 독수리는 몸의 균형을 잡을 수가 없었습니다.

3 거북은 자신이 몸을 흔들어 대면 위험하다는 것을 깨닫지 못하고 결국 땅으로 떨어졌습니다.

독해 비법 인물이 한 행동을 살펴요!

• 거북: 소원대로 하늘을 날게 되었지만, 독수리가 하는 말을 귀담아 듣지 않고 몸을 마구 움직여 떨어짐. → 어리석은 인물

• 독수리: 거북을 날카로운 발톱으로 움켜쥐고 하늘로 날아오름.
→ 남을 잘 도와주는 인물

---

4 독 수 리 의 도움으로 하늘을 날던 거 북 은 독수리의 말을 듣지 않고 몸을 흔들어 대다 땅 으로 떨어지고 말았습니다.

5 잠자리 시누크가 꿀벌 마야에게 이야기를 들려주고 있습니다.

6 시누크가 한 말을 보면 남자아이들이 잠자리를 붙잡아서 날개를 떼어 내기도 하고, 다리를 떼어 내기도 한다고 하였습니다.

7 시누크는 마야에게 남자아이들이 잠자리를 붙잡아서 장난을 심하게 하였다는 이야기를 전해 주었습니다.

오답을 조심해

(3) 마야가 시누크의 말을 듣고 화가 치밀어 오른 것으로 보아, 마야는 남자아이들을 무서워하고 싫어하게 될 것입니다.

8 마야는 시누크에게 남 자 아 이 들의 장난 때문에 동 생 을 잃은 이야기를 들었습니다.

4일 예술

본문 22~25쪽

 어휘 퀴즈

22쪽 / ❶ 공연   ❷ 반면

24쪽 / ❶ 요란하다   ❷ 웅장하다

1 ④

2 ②, ③

3 (1) 관악기   (2) 건반 악기

4 리듬 / 가락

5 (1) ㉮ (2) ㉯

6 ④

7 예솔

8 징 / 장구 / 비

 지문이 궁금해

"리듬 악기와 가락 악기"

• 글의 종류 설명하는 글

• 글의 특징 리듬 악기와 가락 악기의 차이점이 무엇인지 악기의 예를 들어 자세히 설명하여 쓴 글입니다.

• 글의 흐름

리듬 악기는 리듬을 만들어 내는 악기임.	➡	가락 악기는 일정한 음을 칠 수 있는 악기임.

"신나는 소리, 사물놀이"

• 글의 종류 설명하는 글

• 글의 특징 풍물놀이에서 유래한 사물놀이에 대해 소개한 다음, 사물놀이에 쓰이는 악기의 특징을 쓴 글입니다.

• 글의 흐름

사물놀이는 풍물놀이에서 유래함.	➡	사물놀이는 네 가지 악기로 연주함.	➡	네 가지 악기는 자연 현상을 나타냄.

1 가야금은 일정한 음을 칠 수 있으므로 가락 악기입니다.

2 리듬 악기는 가락을 연주할 수 없고, '세고 여림', '길고 짧음' 등만 표현할 수 있습니다.

오답을 조심해

① 첼로는 일정한 음을 칠 수 있으므로 가락 악기입니다.
④ 관악기는 입으로 불어서 관 안의 공기를 진동시켜 소리를 냅니다.
⑤ 가락 악기는 일정한 음을 칠 수 있습니다.

3 가락 악기는 일정한 음을 칠 수 있습니다.

독해 비법 글의 구조를 파악해요!

```
            가락 악기
   ┌───────────┼───────────┐
  현악기       관악기      건반 악기
```

현악기	관악기	건반 악기
손으로 줄을 튕기거나 활로 켜서 소리 냄. 예 바이올린	입으로 불어 관 안의 공기를 진동시켜 소리 냄. 예 리코더	건반을 두드려 소리 냄. 예 피아노, 오르간

4 악기는 리듬을 만드는 리듬 악기와 일정한 음을 치는 가락 악기로 나뉘고, 가락 악기는 현악기, 관악기, 건반 악기로 나뉩니다.

5 글 ❶에서 사물놀이가 어떻게 시작되었는지를 설명하였고, 글 ❷에서 사물놀이에 사용하는 악기에 대해 설명하였습니다.

6 사물놀이에 사용하는 악기는 네 가지입니다.

▲ 북   ▲ 징   ▲ 장구   ▲ 꽹과리

7 사물놀이에서 북은 두껍고 낮은 소리를 냅니다.

8 사물놀이에 사용하는 악기는 꽹과리, 징, 북, 장구이며, 꽹과리는 '천둥 벼락', 징은 '바람', 북은 '구름', 장구는 '비'를 나타냅니다.

5일 문학

본문 26~29쪽

어휘 퀴즈

26쪽 / ❶ 꼬르륵꼬르륵 ❷ 계산

28쪽 / ❶ 까치 ❷ 응원

1 ②

2 ①

3 꼬르륵꼬르륵

4 배꼽시계 / 배

5 ③

6 ⑤

7 ④

8 까치 / 꼬리 / 응원

지문이 궁금해

"배꼽시계"

· 글의 종류 시

· 글의 특징 각 행의 첫 글자가 시 제목과 관련지어 시작하는 재미있는 내용의 시입니다.

· 글의 내용

> 배꼽시계가 꼬르륵꼬르륵, 밥 먹어야 할 시간을 알려 줌.

"까치"

· 글의 종류 시

· 글의 특징 까치가 꼬리를 흔들어 대는 모습을 보고 응원을 한다고 빗대어 표현한 시입니다.

· 글의 내용

> 까치가 꼬리를 흔들며 '책책책책 책책책' 응원을 하는 것처럼 느껴짐.

---

1 이 시는 '배꼽시계'라는 말을 이용하여 지었습니다.

> **독해 비법** 시의 형식을 알아보아요!
>
> 시에서 글의 한 줄을 '행'이라 하고, 여러 개의 '행'을 묶어서 하나의 단위가 되면 '연'이라고 해요.
>
> (배) 배가 고프니? → 1행
> (꼬) 꼬르륵꼬르륵 → 2행 ┐ 배가 고플 때를 알려 주는 소리
> (ㅂ) 밥 먹어야 할 → 3행 ┘   → 1연 5행
> (시) 시간이라고? → 4행
> (계) 계산 하나는 잘하네. → 5행 ┘ 배가 고픈 때를 잘도 알려 주네.

2 각각의 줄(행)은 ( ) 안에 있는 글자로 시작하므로, '계'가 들어가야 합니다.

3 이 시에서 배꼽시계는 '꼬르륵꼬르륵' 소리를 내어 배가 고픈 때를 알려 줍니다.

4 배 꼽 시 계 는 '꼬르륵꼬르륵' 소리를 내어 배 가 고픈 때를 알려 줍니다.

5 이 시에서는 '책책책', '책책책책'이 반복됩니다.

6 까치들이 꼬리 흔드는 모습을 보고, 꼬리로 삼삼칠 박수를 치고 있다고 생각하여 재미있게 노래한 시입니다.

7 까치가 사람처럼 박수를 친다고 표현하였습니다.

> **오답을 조심해**
>
> ① 반복되는 말을 사용하여 활기찬 느낌을 줍니다.
> ② 아기 까치들이 어미 새를 잃었다는 내용은 나타나 있지 않습니다.
> ③ 까치들이 함께 꼬리를 흔들며 응원을 한다고 하였습니다.
> ⑤ 시에서 '책책책 책책책책'이라는 반복되는 말을 사용하여 재미를 줍니다.

8 까 치 가 긴 꼬 리 를 흔드는 모습이 마치 삼삼칠 박수를 치며 응 원 을 하는 것처럼 느껴집니다.

독해 속 어휘 마무리!

본문 30~31쪽

1 (1) 차례 (2) 공기 (3) 소

2 (1) 탓 (2) 멘다 (3) 야외 (4) 묶었다 (5) 댕기 (6) 체

3 (1) 건강 (2) 균형 (3) 현상

4 (1) 뽑은 (2) 무겁고 (3) 불편하게

2주

1일 사회

본문 **34~37**쪽

어휘 퀴즈

34쪽 / ❶ 양손   ❷ 수저

36쪽 / ❶ 비용   ❷ 실천

1 (2) ○

2 ②

3 ②, ④

4 급식실 / 규칙 / 식사

5 ②

6 (1) 물 (2) 비용 (3) 어려움

7 ①

8 부족 / 물

지문이 궁금해

"급식실의 규칙"

- 글의 종류 안내하는 글
- 글의 특징 학교 급식실에서 지켜야 할 규칙이 무엇인지 식사 전, 식사할 때, 식사 후로 나누어 쓴 글입니다.
- 글의 흐름

| 식사 전, 손을 깨끗이 씻고 음식을 받음. | → | 식사할 때, 예의를 지키며 먹음. | → | 식사 후, 앉은 자리를 깨끗이 치움. |

"물을 아껴 씁시다"

- 글의 종류 주장하는 글
- 글의 특징 물을 아껴 써야 하는 까닭을 들어 물을 아껴 쓰자는 글쓴이의 생각(주장)을 전하는 글입니다.
- 글의 흐름

| 우리 친구들이 물을 아껴 쓰면 좋겠음. | → | 수돗물을 만들기 위해 많은 비용이 듦. | → | 물이 부족하면 어려움을 겪을 수 있음. |

1 급식실에서 식사 전, 식사할 때, 식사 후에 지켜야 할 일을 안내하고 있습니다.

2 급식실을 이용하기 전에 먼저 손을 깨끗이 씻어야 한다고 하였습니다.

오답을 조심해

① 차례대로 줄 서기: 식사 전에 할 일이지만, 손을 깨끗이 씻은 다음에 할 일입니다.
③ 앉은 자리를 깨끗이 치우기: 식사 후에 할 일입니다.
④ 음식을 남기지 않고 먹기: 식사할 때 할 일입니다.
⑤ 남은 음식을 잔반통에 버리기: 식사 후에 할 일입니다.

3 배식을 해 주시는 분께 고마운 마음으로 맛있게 먹겠다고 표현해야 합니다.

4 | 급 | 식 | 실 | 에서는 식사 전, 식사할 때, 식사 후의 | 규 | 칙 | 에 따라 바르게 | 식 | 사 | 해야 합니다.

5 학교에 물을 낭비하는 학생이 많아서 물을 아껴 쓰자는 글을 쓰게 되었습니다.

6 글쓴이는 '물을 아껴 쓰자.'는 생각을 말하기 위해 물을 아껴 써야 하는 두 가지 까닭을 함께 들었습니다.

독해 비법 글을 쓴 문제 상황, 글쓴이의 생각과 그 까닭을 살펴요!

요즈음 우리 학교에 물을 틀어 놓고 양치질을 하는 학생이 [문제 상황 ①] 많습니다. 또 손에 비누칠을 할 때에도 물을 틀어 놓는 경우가 [문제 상황 ②] 많습니다.

저는 우리 친구들이 물을 아껴 썼으면 좋겠습니다. [생각(주장)]

우리가 사용하는 수돗물을 만들 [그 까닭 ①] 기 위해서는 많은 비용이 들어갑니다.

물을 함부로 쓰면 우리나라도 물 [그 까닭 ②] 이 부족하여 어려움을 겪을 수 있습니다.

7 더러운 손은 꼭 씻어야 합니다. 손이 더러워도 씻지 말자는 것은 물을 아껴 쓰는 방법과 관련이 적습니다.

8 물을 함부로 쓰면 돈을 버리는 것과 같고 물이 | 부 | 족 | 하여 어려움을 겪을 수 있으므로, | 물 | 을 아껴 써야 합니다.

1 ⑤

2 (1) 😊 (2) 😟 (3) 😟 (4) 😊 (5) 😊

3 ②

4 비 / 습한 / 기분

5 ③, ⑤

6 귀

7 ④

8 천적 / 체온

지문이 궁금해

"청개구리는 왜 울까요?"

- **글의 종류** 설명하는 글
- **글의 특징** 청개구리와 관련한 옛이야기가 아닌, 비가 올 즈음 청개구리가 우는 진짜 이유에 대해 설명하여 쓴 글입니다.
- **글의 흐름**

비가 올 즈음이면 공기 중에 습도가 높아져서 청개구리가 우는 것임.	➡	청개구리가 낮보다 밤에 더 우는 것도 밤에 습기가 더 많기 때문임.

"토끼의 귀"

- **글의 종류** 설명하는 글
- **글의 특징** 토끼의 크고 기다란 귀가 하는 여러 가지 역할을 소개하고, 토끼를 드는 방법까지 설명하여 쓴 글입니다.
- **글의 흐름**

토끼의 귀는 천적으로부터 몸을 보호함.	➡	토끼의 귀는 체온을 조절함.	➡	토끼의 귀는 매우 민감함.

---

1 비가 올 즈음 청개구리가 우는 까닭에 대해 설명하고 있습니다.

2 청개구리는 피부로 호흡하기 때문에 공기 중에 습기가 많아야 숨을 편하게 쉴 수 있습니다.

> 오답을 조심해
>
> ⑵ 청개구리의 피부는 비늘이나 털이 없습니다.
> ⑶ 청개구리는 물가나 습한 곳을 좋아합니다.

3 청개구리가 낮보다 밤에 더 울어 대는 까닭은 낮보다 밤에 습기가 더 많기 때문입니다.

4 ┃비┃가 올 즈음 청개구리가 우는 까닭은 ┃습┃한┃ 공기가 피부에 닿아 숨을 쉬기가 편해지고 ┃기┃분┃ 도 좋아지기 때문입니다.

5 독수리, 뱀, 여우, 족제비 등이 토끼를 잡아먹는 동물이고, 토끼의 귀를 잡으면 매우 아파하므로 토끼의 귀를 잡으면 안 된다는 것을 알 수 있습니다.

6 토끼 귀의 역할을 쓴 글입니다.

> **독해 비법** 각 문단의 중심 문장을 찾아요!
>
> 토끼의 귀는 자신을 잡아먹는 <u>천적으로부터 몸을 보호하는</u>
> _{토끼 귀의 역할 ①}
> <u>역할을 합니다.</u> 숲속 곳곳에는 토끼를 잡아먹으려는 독수리,
> 뱀, 여우, 족제비 등이 있습니다. ~ 그래서 <u>주변의 작은 소리</u>
> _{토끼의 천적}
> <u>도 잘 들을 수 있도록 귀가 크고 기다랗습니다.</u>
> _{토끼 귀가 크고 기다란 까닭}
> 그리고 <u>토끼의 귀는 체온을 조절하는 역</u>
> _{토끼 귀의 역할 ②}
> <u>할도 합니다.</u> 토끼는 ~ 빠른 속도로 달리
> 면 몸이 아주 빠르게 뜨거워지는데 이때 귀
> 를 쫑긋 세워 열을 식힙니다. <u>토끼의 귀에</u>
> <u>는 수많은 혈관이 있어서</u> 몸의 더운 피가
> _{토끼 귀가 열을 식혀 주는 까닭}
> 귀를 지나면서 식는 것입니다.

7 토끼는 땀구멍이 적어서 땀을 흘리지 않습니다. 또 귀를 잡으면 아파하므로 토끼의 귀를 잡으면 안 됩니다.

8 토끼의 귀는 ┃천┃적┃으로부터 몸을 보호하고, ┃체┃온┃을 조절하는 역할을 합니다.

3일 문학

본문 42~45쪽

42쪽 / ❶ 강둑 ❷ 나직하게

44쪽 / ❶ 반짝반짝 ❷ 새근새근

---

1 ⑤

2 ⑤

3 ③

4 메뚜기 / 어깨 / 풀잎

5 ④

6 ④

7 ②

8 성은 / 해 / 나무

지문이 궁금해

"만복이는 풀잎이다"

• 글의 종류 창작 동화

• 글의 특징 메뚜기가 만복이 어깨에 앉은 일을 두고, 메뚜기가 만복이를 풀잎이라고 생각한 모양이라고 말한 내용이 재미를 주는 글입니다.

• 글의 흐름

| 슬기와 만복이가 메뚜기를 잡으러 감. | ➡ | 메뚜기가 만복이 어깨에 살짝 내려와 앉음. |

"나무야, 누워서 자거라"

• 글의 종류 창작 동화

• 글의 특징 성은이가 해와 나무가 힘들까 봐 누워서 편하게 자라고 그림을 그린 내용으로, 성은이의 순수하고 예쁜 마음을 엿볼 수 있는 글입니다.

• 글의 흐름

| 어머니와 아버지께서 성은이의 그림을 보고 질문하심. | ➡ | 성은이가 해와 나무가 잠을 자고 있는 그림을 그린 까닭을 말함. |

---

1 슬기는 메뚜기가 날아갈까 봐 마음이 조마조마하여 만복이에게 움직이지 말라고 하였습니다.

2 메뚜기가 만복이 어깨를 풀잎인 것처럼 생각하고 앉아 있어서 만복이는 풀잎이라고 하였습니다.

3 메뚜기와 같은 곤충을 잡아 본 경험을 말한 친구는 다연이입니다.

4 메 뚜 기 가 만복이를 풀잎인 것처럼 생각하고 어 깨 위에 앉아 있어서 만복이는 풀 잎 이라고 하였습니다.

5 성은이의 그림에는 별이 떠 있고, 해가 숲속에 내려와 자고 있으며, 나무도 누워서 자고 있을 것입니다.

오답을 조심해

① 낮에 남자 어른이 나무 밑에서 잠을 자는 그림입니다. 성은이의 그림에 남자 어른이 나왔다는 내용은 글에서 찾을 수 없습니다.

② 여자아이가 해 위에 앉아서 두 팔을 벌리고 있는 그림입니다. 아버지께서 하신 말씀으로 보아, 성은이는 밤의 모습을 그렸을 것입니다.

③ 바닷가에 파도가 치는 그림입니다. 성은이가 한 말로 보아, 성은이는 숲속을 그렸을 것입니다.

⑤ 숲속에 멧돼지, 토끼, 사슴이 뛰노는 그림입니다. 대화 내용으로 보아, 성은이는 별, 해, 나무를 그렸을 것입니다.

6 인물의 말이나 행동에서 재미가 느껴지는 부분을 찾아봅니다.

7 나무가 누워서 잠을 자는 모습을 그린 성은이의 마음을 짐작합니다.

독해 비법 인물이 한 말을 통해 인물의 성격을 알아보아요!

"나무도 해와 함께 새근새근 잠을 자고 있어요."
　　　　　　　　　　　　　　　　　→ 순수한 성격

"성은아, 나무는 누워서 잠을 자지 않고 서서 잠을 잔단다."
사람들이 보통 하는 생각과 같은 생각을 하는 성은이의 아버지

"아이참, 아빠도…… 서서 잠을 자면 나무가 너무 힘들잖아요? 누워서 편하게 자라고 이렇게 그렸어요." → 따뜻한 성격

8 성 은 이는 해 와 나 무 가 누워서 자고 있는 모습을 그렸습니다.

4일 인물

본문 46~49쪽

46쪽 / ❶ 빈민촌 　❷ 헌신
48쪽 / ❶ 추천 　❷ 부

1 ③, ⑤

2 ⑤

3 남을 위해 희생한다.

4 사랑 / 봉사

5 ⑤

6 (1) × (2) ○ (3) × (4) ○

7 ⑤

8 몽실 / 동화 / 꿈

지문이 궁금해

"존경받는 테레사 수녀"

- 글의 종류 전기문
- 글의 특징 사랑과 봉사의 상징으로 지금까지 존경을 받고 있는 테레사 수녀와 관련한 일화를 쓴 글입니다.
- 글의 흐름

| 테레사 수녀는 종교가 다른 사람도 보살피고, 수도회를 만듦. | → | 테레사 수녀는 헌신적으로 어려운 이웃을 돌봄. |

"동화 작가, 권정생"

- 글의 종류 전기문
- 글의 특징 어린이들에게 꿈과 희망을 심어 주는 동화를 쓴 권정생 작가와 관련한 일화를 쓴 글입니다.
- 글의 흐름

| 권정생은 어린이를 위한 동화 집필에만 몰두함. | → | 권정생은 검소한 생활을 계속 하며 어린이들을 생각함. |

---

1 힌두교와 이슬람교를 믿는 사람들 사이에 큰 싸움이 벌어졌고, 인도 거리는 아무런 보살핌도 받지 못하고 굶주림과 병에 걸려 죽어 가는 사람들로 넘쳐 났습니다.

2 테레사 수녀는 종교가 달라도 도와야 한다고 말하였습니다.

3 테레사 수녀는 맨몸으로 수녀원을 나와 가난하고 병든 사람들을 도와주며 살았습니다.

오답을 조심해

- 상을 받는 것을 좋아한다. → 테레사 수녀는 1979년 노벨 평화상과 상금을 받았지만 상금도 모두 가난한 사람들을 위해 썼습니다.
- 부자가 되고 싶어 한다. → 테레사 수녀는 빈민촌에서 함께 생활하며 병든 사람을 간호하고, 고아들을 돌보았고, 아이들을 가르쳤습니다.
- 가족에게 도움받기를 원한다. → 테레사 수녀와 그녀의 가족에 대한 내용은 글에 드러나 있지 않습니다.

4 '사 랑 의 선교회'를 만들어 가난하고 병든 사람들을 보살폈던 테레사 수녀는 사랑과 봉 사 의 상징으로 존경을 받고 있습니다.

5 권정생은 동화를 쓰면서 어찌 보상이나 명예를 바랄 수 있겠느냐며 상을 받지 않았습니다.

6 (1) 권정생은 어린 시절 매우 가난하였습니다. (3) 권정생의 동화에 나오는 주인공들은 모두 힘없고 슬프지만 결코 희망을 잃지 않습니다.

7 어린이에게 꿈과 희망을 주는 동화를 쓰고, 자신이 쓴 책에서 나오는 인세를 어린이들에게 되돌려주라는 유언을 남긴 것으로 보아 권정생은 어린이를 아끼고 사랑합니다.

8 『강아지 똥』, 『몽 실 언니』 등으로 유명한 권정생의 동 화 는 어린이들에게 꿈 과 희망을 심어 주며 많은 사랑을 받고 있습니다.

5일 문학

본문 50~53쪽

 어휘 퀴즈

50쪽 / **1** 나막신　　**2** 개다

52쪽 / **1** 분하다　　**2** 은혜

---

1 ⑤

2 ③

3 ⑤

4 부채 / 나막신

5 ⑤

6 밝기 / 예 종이 세 번 울려야

7 (3) ○

8 엄마 까치 / 은혜 / 종

지문이 궁금해

"부채와 나막신"

· **글의 종류** 전래 동화

· **글의 특징** 두 아들을 걱정하는 어머니의 마음을 잘 나타낸 이야기입니다.

· **글의 흐름**

어머니가 비가 오면 부채 장사를 하는 큰아들을 걱정함.	➡	어머니가 날이 개면 나막신 장사를 하는 작은아들을 걱정함.

"은혜를 갚은 까치"

· **글의 종류** 전래 동화

· **글의 특징** 엄마 까치가 은혜를 갚기 위해 목숨까지 내놓은 내용의 이야기입니다.

· **글의 흐름**

구렁이가 종이 세 번 울리면 선비를 살려 주겠다고 함.	➡	엄마 까치가 머리로 종을 쳐서 죽으며 선비의 은혜를 갚음.

독해 속 어휘 마무리!

본문 54~55쪽

1 (1) ① ○ (2) ① ○ (3) ② ○

2 (1) 법칙 (2) 흙 (3) 고마운

3 (1) 젓다 (2) 젖어 (3) 졌다

4 (1) 편안한 (2) 축축한 (3) 조마조마한

5 (1) 풀잎 (2) 닿는 (3) 역할

---

1 나막신은 나무를 파서 만든 신발로, 옛날 사람들이 비가 오는 날에 신었습니다.

2 어머니는 멀리 떠난 두 아들의 장사가 잘되도록 도와 달라고 빌었습니다.

3 어머니는 작은아들의 나막신이 팔리지 않을 것 같아 걱정되어 얼굴이 어두워졌습니다.

4 어머니는 비가 오면 큰아들의 부채가 안 팔릴까 봐, 날이 맑으면 작은아들의 나막신이 안 팔릴까 봐 걱정하였습니다.

5 선비의 몸을 감고 있던 구렁이가 한 말과 은혜를 갚기 위해 종을 친 엄마 까치로 보아, 선비는 낮에 새끼 까치를 잡아먹으려던 구렁이를 죽였음을 알 수 있습니다.

> **독해 비법** 주어진 이야기를 보고 앞 내용을 짐작해 봐요!
>
> 선비가 숨이 막혀 눈을 뜨자 선비의 몸을 감고 있던 구렁이 _{등장인물 ①} 가 소리쳤어. _{등장인물 ②}
>
> "오늘 낮에 <u>네가 죽인 구렁이가 내 남편</u>이야. 남편의 원수를 갚을 것이다!" _{선비가 낮에 한 일을 알 수 있는 부분}
>
> <u>선비는 손이 발이 되도록 싹싹 빌었어.</u> _{선비가 구렁이의 남편을 죽였음.}

6 구렁이는 날이 밝기 전까지 산 위의 종이 세 번 울리면 선비를 살려 주지만 종이 울리지 않으면 선비를 잡아먹을 것이라고 하였습니다.

7 엄마 까치는 새끼 까치들을 구해 준 은혜를 갚기 위해 종을 치다 쓰러져 죽었습니다.

8 엄마 까치가 선비에게 은혜를 갚기 위해 산 위의 종을 치고 쓰러져 죽었습니다.

본문 58~61쪽

어휘 퀴즈

58쪽 / ❶ 대가족　　❷ 군말

60쪽 / ❶ 돌상　　❷ 무지개

1 ②, ③

2 (1) ⓝ (2) ㉮ (3) ⓓ (4) ⓡ

3 가족 모두

4 옛날 / 집안일 / 남녀

5 친척

6 (1) 백설기　(2) 무지개떡　(3) 수수팥떡

7 ⓝ, ⓓ

8 돌상 / 돌잡이

지문이 궁금해

"가족의 역할이 변했어요"

· 글의 종류　설명하는 글

· 글의 특징　옛날과 오늘날 가족 구성원의 역할이 무엇인지 비교하여 쓴 글입니다.

· 글의 흐름

옛날에는 남녀가 하는 집안일이 정해져 있었고, 대가족이었음.	➡	오늘날에는 집안일에서 남녀 구분이 없고, 가족 수도 줄어듦.

"사촌 동생의 돌잔치"

· 글의 종류　일기

· 글의 특징　'내'가 사촌 동생의 돌잔치에 가서 보고 들은 것, 느낀 것을 쓴 일기입니다.

· 글의 흐름

사촌 동생의 돌잔치에서 친척을 만남.	➡	돌상에 놓여 있는 음식의 뜻을 알게 됨.	➡	돌잡이를 보며 어른들의 말씀을 들음.

1 옛날이나 오늘날 모두 결혼을 하여 가족을 이루고, 가족 내에서 각자 맡은 역할을 하며 서로 돕고 살고 있습니다.

2 이 글의 두 번째 문단에 옛날 가족의 역할이 나타나 있습니다.

오답을 조심해

(1) 할아버지: 가족의 중요한 일을 결정했습니다.

(2) 할머니: 주로 손주들을 돌보았습니다.

(3) 아버지: 농사를 짓거나 장사를 하였습니다.

(4) 어머니: 빨래, 밥하기, 바느질 등을 했습니다.

3 중요한 일을 아버지가 혼자 결정하는 것이 아니라 가족 모두가 의논하여 결정합니다.

4 │옛│날│에는 남녀가 하는 │집│안│일│이 정해져 있었지만, 오늘날에는 집안일에서 │남│녀│의 구분이 없어졌습니다.

5 할아버지와 할머니, 작은아버지와 작은어머니, 고모와 고모부는 친척에 해당합니다.

6 세 번째 문단에 돌상에 올리는 백설기, 무지개떡, 수수팥떡의 의미가 나타나 있습니다.

독해 비법　글의 구조를 파악해요!

　돌상에는 백설기, 무지개떡, 수수팥떡과 과일 등 여러 가지 음식이 놓여 있었다. → 중심 문장: 돌상에 놓이는 음식 백설기는 '하얀 눈처럼 순수하게 자라라.'는 마음을, 무지개떡은 '아기의 꿈이 무지개처럼 피어나라.'는 마음을, 수수팥떡은 '나쁜 일을 당하지 않고 건강하게 자라라.'는 마음을 담았다고 한다.

→ 뒷받침 문장: 각 떡에 담긴 뜻

7 돌잡이는 돌잔치에 참석한 사람 모두가 지켜볼 수 있고, 돌잡이에서 책을 잡으면 공부를 잘한다고 믿었습니다.

8 돌잔치를 하면 친척들이 모이고, 여러 가지 음식으로 │돌│상│을 차리며, │돌│잡│이│를 하여 아이의 미래를 점치기도 합니다.

2일 과학

 어휘 퀴즈

62쪽 / ❶ 촉각 　　❷ 데다

64쪽 / ❶ 건조 　　❷ 병균

1 ①, ④
2 감각점
3 (2) ○ (3) ○
4 촉각 / 세상 / 몸
5 ②
6 ㉡
7 (1) ○ (2) × (3) × (4) ○
8 먼지 / 공기 / 냄새

 지문이 궁금해

"촉각이 하는 일"

• 글의 종류　설명하는 글
• 글의 특징　촉각의 뜻, 촉각이 하는 일 등을 설명하여 쓴 글입니다.
• 글의 흐름

촉각은 피부에서 느껴지는 감각임.	→	감각점은 온몸에 퍼져 있음.	→	감각점이 있어서 물체를 만지고 느낌.

"코"

• 글의 종류　소개하는 글
• 글의 특징　'내'(코)가 자신이 하는 역할 세 가지를 소개하는 글입니다.
• 글의 흐름

코는 먼지를 걸러 줌.	→	코는 공기를 허파로 보냄.	→	코는 냄새를 맡음.

1 촉각은 피부에서 느껴지는 감각을 말하고, 촉각은 우리 몸을 보호해 주기도 하고, 우리에게 세상을 알려 주기도 한다고 하였습니다.

2 그림의 친구는 선인장을 만지고 따가움을 느끼고 있습니다.

독해 비법　글의 내용을 자세히 살펴보면 문제의 답이 보여요!

우리는 눈으로 보지 않고 만지기만 해도 물체의 모양과 상태를 알 수 있어요. 둥근지 뾰족한지, 단단한지 부드러운지 말이에요. 그건 피부에 감각점이 있기 때 _{촉각을 느낄 수 있는 까닭} 문이에요. 피부는 이 감각점을 통해서 피 _{감각점의 중요한 역할} 부에 닿는 것이 무엇인지 알아내지요.

3 촉각은 손과 발뿐만 아니라 피부에서 느껴지는 감각입니다.

4 촉 각 은 우리에게 세 상 을 알려 주기도 하고, 우리 몸 을 보호해 주기도 합니다.

5 우리 몸에서 코가 하는 역할에 대해 설명하고 있습니다.

6 비갑개는 콧속으로 들어온 공기의 온도를 조절하여 허파로 보냅니다.

7 콧물은 병균을 없애는 역할을 하고, 콧속에는 후각 세포가 있어서 냄새를 구별할 수 있습니다. 또 코감기에 걸려 코가 막히면 음식 맛을 잘 느낄 수 없습니다.

오답을 조심해

(2) 코를 막고 양파를 먹으면 매운맛을 느낄 수 없습니다.
(3) 코털은 공기 중의 먼지를 제거하는 역할을 하므로 모두 제거하면 안 됩니다.

8 코는 공기 중의 먼 지 를 걸러 주고, 공 기 의 온도나 습도를 조절하여 허파로 보내며, 냄 새 를 맡는 등의 역할을 합니다.

3일 **문학**

본문 **66~69**쪽

어휘퀴즈

66쪽 / ❶ 태연하다　❷ 시늉

68쪽 / ❶ 탄성　❷ 얼버무리다

1 ⑤
2 (3) ○
3 ③
4 임금님 / 바보 / 옷
5 ①
6 공작새
7 ③
8 새 / 왕

지문이 궁금해

"벌거숭이 임금님"

• 글의 종류　세계 명작 동화
• 글의 특징　임금님의 벌거벗은 모습을 보고도 모든 사람이 옷이 멋지다고 거짓말을 했지만, 한 아이가 솔직하게 말을 하여 임금님이 창피를 당한 내용의 이야기입니다.

• 글의 흐름

| 거짓말쟁이가 임금님을 속임. | → | 임금님은 벌거벗은 채 거리로 행차함. | → | 아이가 임금님은 벌거숭이라고 외침. |

"새들의 왕 뽑기"

• 글의 종류　세계 명작 동화
• 글의 특징　새들이 새로운 왕을 누구로 뽑을지 의견을 주고받는 내용으로, 어떤 왕이 필요한지 생각하게 하는 이야기입니다.

• 글의 흐름

| 공작새가 아름다운 자신이 왕이어야 한다고 말함. | → | 새들은 까마귀와 두루미 할아버지의 말을 듣고 왕에 대해 생각함. |

14 / 국어 독해 1단계

1 신하들은 옷이 보이지 않으면서도 바보라고 놀림을 받을까 봐 거짓말을 한 것입니다.

2 다른 사람들은 임금님의 옷이 보이는 척했지만, 아이가 임금님이 벌거숭이라고 솔직하게 말하였습니다.

3 이 이야기는 다른 사람이 두려워 거짓말을 하지 말고 진실을 말해야 한다는 교훈을 줍니다.

오답을 조심해

① 쉬운 일이라도 협력하여 하면 훨씬 쉽다는 말입니다.
② 모든 일에는 질서와 차례가 있는 법인데 일의 순서도 모르고 성급하게 덤빔을 빗대어 이르는 말입니다.
④ 크고 작고, 이기고 지고, 잘하고 못하는 것은 직접 겨루어 보거나 겪어 보아야 알 수 있다는 말입니다.
⑤ 아무도 안 듣는 데서라도 말조심해야 한다는 말입니다.

4 임금님 과 신하들, 사람들은 바보 라고 놀림을 받을까 봐 두 거짓말쟁이가 만든 옷 이 보인다는 거짓말을 하였습니다.

5 두루미 할아버지가 어떤 새가 왕이 되면 좋을지 의견을 말해 달라는 것으로 보아, 새들은 왕을 뽑기 위해 동굴 앞에 모였습니다.

6 새들이 한 말을 찾아 비교해 봅니다.

독해 비법 인물이 한 말을 통해 의견을 알아봐요!

"새들의 왕은 무엇보다도 아름다워야 해요. 아름다운 새라면 바로 저예요."
공작새의 의견: 아름다운 자신이 왕이 되어야 한다.

"공작새야, 너는 무척 아름다워. 세상에서 너만큼 아름다운 새는 없을 거야. 하지만 무서운 동물들이 우리를 공격할 때는 어떻게 할 거지? 그때도 날개를 펴 보이며 우리를 지킬 거니?"
까마귀의 의견: 아름다움만으로 왕이 될 수는 없다.

7 이야기에서 두루미 할아버지는 우리를 다스릴 수 있는 왕은 진정으로 우리를 위할 수 있어야 한다고 하였습니다.

8 새 들은 왕을 뽑기 위해 모였다가 진정으로 새들을 위할 수 있는 왕 이 누구일지 다시 생각하게 되었습니다.

4일 예술

 어휘 퀴즈

70쪽 / ❶ 완화 　❷ 열기

72쪽 / ❶ 한여름 　❷ 경사지게

---

1 ②, ⑤

2 처마

3 ①

4 한옥 / 창호지 / 온돌

5 ②

6 ④

7 ④

8 석빙고 / 겨울 / 얼음 창고

지문이 궁금해

"한옥, 이래서 좋아요"

- **글의 종류** 대화하는 글
- **글의 특징** 뉴스 시간에 아나운서가 한옥 박사와 면담한 내용으로, 한옥의 여러 가지 좋은 점을 소개한 내용입니다.
- **글의 흐름**

> 한옥은 우리의 전통 집으로, 요즘 짓는 집과 다름. ➡ 한옥에서 창호지, 처마, 온돌 등이 좋은 역할을 해 줌.

"옛날 냉장고, 석빙고"

- **글의 종류** 설명하는 글
- **글의 특징** 옛날에 얼음을 잘라서 보관한 석빙고를 만드는 방법, 석빙고의 얼음이 녹지 않는 원리 등을 설명한 글입니다.
- **글의 흐름**

> 석빙고는 겨울에 얼음을 보관한 얼음 창고임. ➡ 석빙고는 특이한 구조로 지어져 얼음이 잘 녹지 않았음.

---

1 한옥은 1층으로 화장실이 집 밖에 있고, 흙, 짚, 돌, 나무 등으로 지어졌습니다.

2 처마는 비바람뿐만 아니라 직사광선도 막아 줍니다.

> **독해 비법** 글에서 설명한 대상의 특징을 바르게 이해해요!
>
> - **처마**: 비바람을 막아 줄 뿐만 아니라 햇빛이 바로 들어오는 것을 막아 줍니다. 또 추위와 더위를 완화시키는 역할도 합니다.
> - **창호지**: 바람이 잘 통하고, 햇빛이 적당히 통과됩니다.
> - **온돌**: 아궁이에 불을 때면 그 열기가 방 안을 따뜻하게 하고 밥을 지을 수 있습니다.

3 한옥 박사는 한옥의 좋은 점을 말하고 있습니다.

4 　한　옥　은 우리의 전통 집으로, 문에 바른 　창　 호　지　, 지붕의 처마, 　온　돌　이 있어 좋은 점이 많습니다.

5 석빙고와 냉장고의 차이점을 설명하진 않았습니다.

> **오답을 조심해**
>
> ① 석빙고는 땅을 깊게 파고 그 위에 돌을 쌓은 뒤 흙을 덮어 만들었습니다.
> ③ 우리 조상들은 겨울에 얼음을 석빙고에 보관했다가 한여름에 꺼내 먹었습니다.
> ④ 석빙고에 얼음을 쌓을 때에는 얼음과 벽 사이에 짚이나 왕겨를 넣었는데, 짚과 왕겨는 밖에서 들어오는 열기를 막아 주어 얼음이 잘 녹지 않았습니다.
> ⑤ 옛날에는 주로 왕실 사람들과 양반들, 물건을 보관하기 위한 일부 장사꾼 등만 얼음을 사용할 수 있었습니다.

6 얼음이 녹아서 생긴 물이 잘 빠지도록 바닥을 경사지게 만들었습니다.

7 옛날에는 얼음이 매우 귀하고 비쌌기 때문에 주로 왕실 사람들과 양반들, 물건을 보관하기 위한 일부 장사꾼 등만 사용할 수 있었다고 했습니다.

8 　석　빙　고　는 　겨　울　에 얼음을 보관했다가 한여름에 꺼내 먹을 수 있게 만든 　얼　음　 　창　고　입니다.

정답 및 풀이 **15**

문학

본문 **74~77**쪽

74쪽 / ❶ 수박씨   ❷ 충치

76쪽 / ❶ 이슬   ❷ 방긋

---

1 ②

2 ②

3 ④

4 수박 속 / 수박씨

5 ④

6 ③, ⑤

7 ①

8 나팔꽃 / 세수 / 해

지문이 궁금해

"수박씨"

• 글의 종류 시

• 글의 특징 동생이 하품하는 모습을 보고 수박 속과 수박씨에 빗대어 노래한 시입니다.

• 글의 내용

> 동생의 입 안은 수박 속, 충치는 수박씨임.

"아침"

• 글의 종류 시

• 글의 특징 아침의 풍경을 나팔꽃, 아침 이슬, 아침 해가 하는 말로 재미있게 표현한 시입니다.

• 글의 내용

> 아침이 되면 나팔꽃이 일어나라 하고, 아침 이슬이 세수하라 하고, 아침 해가 노래하자고 함.

---

1 동생이 하품을 하는 모습을 보고 쓴 시입니다.

2 동생의 입 안을 빨갛게 익은 수박 속에 빗대어 표현하였습니다.

3 충치가 생긴 곳은 까맣게 변합니다.

독해 비법 시에서 빗대어 표현한 것을 찾아요!

입 안 = 빨갛게 익은 수박 속
충치 = 까맣게 잘 익은 수박씨

4 하품을 하는 동생의 입 안은 빨갛게 익은 수 박 속 , 충치는 수 박 씨 와 닮았습니다.

5 이 시에서 이슬은 한 번만 나왔습니다.

6 '나팔꽃, 아침 이슬, 아침 해'를 사람처럼 표현한 것이 재미를 줍니다.

오답을 조심해

① 이 시는 밝고 경쾌한 느낌을 줍니다.
② 같은 말이 반복되어 재미있고 노래하는 듯한 느낌을 줍니다.
④ '똑, 똑'을 읽으면 풀잎에 맺힌 이슬방울이 떨어지는 것처럼 느껴집니다.

7 이 시를 읽으면 나팔꽃이 피어 있는 모습, 이슬이 떨어지는 모습, 해가 웃는 모습 등이 떠오릅니다.

8 아침이 되면 나 팔 꽃 은 일어나라고, 아침 이슬은 세 수 하라고, 아침 해 는 노래하자고 합니다.

독해 속 어휘 마무리!

본문 **78~79**쪽

1 (1) 돌 (2) 새 (3) 점

2 (1) 잠근 (2) 닫히면 (3) 덮고 (4) 오랜만에
  (5) 맡는다 (6) 짚

3 (1) 창호지 (2) 액체 (3) 촉각

4 (1) 크다 (2) 건조하다 (3) 데운

본문 **82~85**쪽

1 ③, ⑤

2 ①, ③

3 ⑤

4 아파트 / 나눔 장터 / 참여

5 ①

6 (1) 음식 (2) 반찬

7 (3) ○

8 식당 / 장난

지문이 궁금해

"나눔 장터"

- **글의 종류** 안내하는 글

- **글의 특징** 나눔 장터가 열리는 것을 아파트 주민들에게 알리고, 나눔 장터에 참여하기를 바라는 글입니다.

- **글의 흐름**

나눔 장터가 사랑아파트 공원에서 열림.	→	나눔 장터에 주민들이 꼭 참여해 주기 바람.

"식당에서 지켜야 할 일"

- **글의 종류** 주장하는 글

- **글의 특징** 식당에서 이웃에게 피해를 주지 않도록 예절을 지키자는 주장을 쓴 글입니다.

- **글의 흐름**

식당에서 떠들거나 장난치지 않아야 함.	→	식당에서 음식을 흘리지 않도록 주의해야 함.	→	식당에서 반찬은 먹을 만큼만 가져와야 함.

1 나눔 장터가 열린다는 것을 알리고, 주민들에게 많이 참여해 달라고 부탁하기 위해 쓴 글입니다.

2 양말이나 구두처럼 짝이 되는 두 개가 있어야 제 기능을 하는 물건을 찾아봅니다.

▲ 짝을 이루는 물건

3 나눔 장터는 자신에게 필요하지 않지만 버리기는 아까운 물건을 이웃에게 무료로 나누어 주거나 싸게 파는 곳입니다.

4 우리 아 파 트 에서 열리는 나 눔 장 터 에 꼭 참 여 해 주세요.

5 글쓴이는 식당에서의 예절을 지키자고 말하기 위해서 이 글을 썼습니다.

6 두 번째 문단부터 네 번째 문단까지 식당에서 지켜야 할 일이 나타나 있습니다.

> **독해 비법** 각 문단의 첫 문장을 살펴봐요!
>
> 먼저, 식당에서 큰 소리로 떠들거나 장난을 치면 안 됩니다. _{식당에서 지켜야 할 일 ①}
> 큰 소리로 떠들면 ~ 상처를 입힐 수도 있습니다.
>
> 식당에서는 음식을 흘리지 않도록 주의해야 합니다. 흘린 음 _{식당에서 지켜야 할 일 ②}
> 식 때문에 ~ 치우는 데 힘이 들기 때문입니다.
>
> 또 자유롭게 먹을 수 있는 반찬은 먹을 만큼만 가져와야 합 _{식당에서 지켜야 할 일 ③}
> 니다. 음식물 쓰레기가 많으면 ~ 비용도 버리게 됩니다.

7 (1), (2)의 친구가 예절을 지키지 못했습니다.

> **오답을 조심해**
> (1) 식당은 식사를 하는 공공장소이므로, 휴지를 아무 데나 버리면 안 됩니다.
> (2) 식당에서 복도를 뛰어다니면 식사하는 중인 이웃에게 피해를 줄 수 있습니다.

8 식 당 에서는 큰 소리로 떠들거나 장 난 을 치면 안 되고, 음식을 흘리지 않도록 주의하며, 반찬은 먹을 만큼만 가져와 먹습니다.

2일 과학

본문 86~89쪽

어휘 퀴즈

86쪽 / **1** 시샘 **2** 폭설

88쪽 / **1** 동시 **2** 피해

---

1 ④

2 ①, ②, ④

3 겨울(철)

4 사계절 / 날씨

5 ⑤

6 ②, ③, ④

7 ②, ③

8 번개 / 소리 / 천둥소리

지문이 궁금해

"우리나라의 날씨 소개"

· 글의 종류 편지글

· 글의 특징 외국인 친구에게 우리나라의 날씨를 소개하는 내용으로 쓴 편지로, 계절별 날씨의 특징이 무엇인지 잘 드러나 있는 글입니다.

· 글의 흐름

우리나라는 사계절이 있음.	→	계절에 따라 날씨가 다름.

"번개와 천둥소리"

· 글의 종류 설명하는 글

· 글의 특징 번개와 천둥소리가 무엇인지 자세히 알려 주고, 번개와 천둥소리의 빠르기에 대해 쓴 글입니다.

· 글의 흐름

번개는 빛이고 천둥소리는 소리임.	→	번개를 먼저 본 뒤에 천둥소리를 들음.

1 글쓴이가 이 글에서 가장 하고 싶은 말은 '우리나라는 계절에 따라 날씨가 다르다.'입니다.

2 겨울철은 매우 건조하여 화재가 발생하기 쉽고, 봄철에는 꽃샘추위가 오기도 합니다. 또, 가을철에는 선선해지고, 높고 파란 하늘을 볼 수 있습니다.

> **오답을 조심해**
> ③ 중국의 건조한 사막에서 누런 모래가 몰려와 황사가 발생합니다.
> ⑤ 여름철에 밤 기온이 25도를 넘으면 '열대야'라고 합니다.

3 겨울철이 되면 폭설로 교통에 불편을 겪기도 합니다.

4 우리나라는 **사 계 절** 이 있고, 계절에 따라 **날 씨** 가 다릅니다.

5 이 글은 번개를 본 뒤에 천둥소리를 듣는 까닭에 대해 설명하였습니다.

6 번개가 천둥소리보다 더 빨리 우리에게 전달된다고 하였습니다.

> **오답을 조심해**
> ① 빛이 소리보다 많이 빠릅니다.
> ⑤ 하늘에서 번개와 천둥소리는 동시에 생깁니다.

7 피뢰침은 끝이 뾰족한 금속 막대기입니다.

> **독해 비법** 처음 보는 낱말은 앞뒤 내용을 살펴 뜻을 알아보아요!

옛날에는 땅으로 떨어지는 번개 때문에 많은 피해를 입기도
             벼락
했어요. 요즘은 전기가 잘 통하는 금속으로 만든 피뢰침을 높
        ① 나무(×)
은 건물에 세워 번개가 피뢰침을 따라 안전하게 땅속으로 흐르
⑤ 운동장처럼 낮은 곳(×) ④ 천둥소리로 인한 피해를 막는 것(×)
게 합니다.

8 **번 개** 는 빛이고 천둥소리는 **소 리** 로 서로 빠르기가 달라 우리는 번개를 먼저 본 뒤에 **천 둥 소 리** 를 듣습니다.

3일 문학

본문 **90~93쪽**

1 (1) 황소 아저씨 (2) 생쥐
2 ②
3 ②, ③, ⑤
4 황소 아저씨 / 생쥐
5 누나
6 (1) ★ (3) ★
7 ④
8 누나 / 인형 / 휠체어

지문이 **궁금해**

"황소 아저씨"

- 글의 종류 　창작 동화
- 글의 특징 　생쥐가 먹을 것을 찾아 나섰다가 황소 아저씨를 만나 겪은 일을 재미있게 표현한 이야기입니다.
- 글의 흐름

| 생쥐가 먹을 것을 찾기 위해 황소 아저씨의 등을 타 넘었음. | → | 생쥐는 황소 아저씨의 도움으로 구유의 밥찌꺼기를 가져가게 됨. |

"누나의 생일"

- 글의 종류 　창작 동화
- 글의 특징 　누나의 생일날, '나'의 가족이 누나의 생일을 축하하며 선물을 주는 따뜻한 내용의 글입니다.
- 글의 흐름

| 누나의 생일에 형과 '내'가 누나에게 준비한 선물을 줌. | → | 잠시 뒤에 부모님의 선물인 휠체어가 도착함. |

---

1 이 이야기에는 생쥐와 황소 아저씨가 등장합니다.

2 생쥐는 동생들에게 줄 먹을 것을 구하기 위해 밥찌꺼기가 있는 구유에 가려고 황소 아저씨의 등을 타 넘어야 했습니다.

3 이야기를 읽을 때에는 언제, 어디에서 일어난 것인지, 누가 나오는지, 어떤 일이 일어났는지, 인물의 마음이 어떠하였는지 등을 생각하는 것이 알맞습니다.

독해 비법 이야기를 구성하는 요소를 알아봐요!

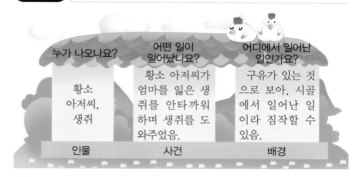

4 황소 아저씨 는 엄마를 잃고 동생들을 위해 먹을 것을 구하러 온 생 쥐 에게 구유의 음식을 가져가게 했습니다.

5 '나'와 형이 누나에게 선물을 주었고, "생일 선물이 도착했습니다."라는 말이 나온 것을 보아 누나의 생일날에 일어난 일임을 알 수 있습니다.

6 누나가 휠체어를 탄다는 것에서 잘 걷지 못한다는 점을 알 수 있습니다.

을 조심해

⑵ '나'는 저금통을 털어 산 인형을 누나에게 선물로 주었습니다.
⑷ '나'는 부모님의 선물이 보이지 않자 부모님이 미처 선물을 준비하지 못하였다고 생각했습니다.

7 '나'는 기뻐하는 누나를 보고 기분이 좋아서 누나를 대신하여 아빠, 엄마께 감사의 인사를 했을 것입니다.

8 누 나 의 생일날에 형은 그림물감을, 나는 인 형 을, 부모님은 휠 체 어 를 선물로 주었습니다.

4일 인물

 어휘 퀴즈

94쪽 / ❶ 발명 ❷ 석

96쪽 / ❶ 인자하다 ❷ 초라하다

---

1 ④

2 (2)에 색칠

3 ①, ④

4 실패 / 발명품

5 맹사성

6 ⑤

7 ①, ②

8 벼슬 / 소 / 비

지문이 궁금해

"발명왕, 에디슨"

• 글의 종류 대화 글

• 글의 특징 지희와 아버지가 발명왕 에디슨과 관련한 일화에 대해 이야기를 나누고 있습니다.

• 글의 흐름

에디슨은 실패를 두려워하지 않고 끊임없이 노력함.	➡	에디슨은 축음기, 전구 등 천 개가 넘는 발명품을 만듦.

"검소하게 산 맹사성"

• 글의 종류 전기문

• 글의 특징 높은 벼슬에 있어도 검소하게 살고, 백성을 사랑한 맹사성에 대한 이야기입니다.

• 글의 흐름

맹사성은 허름한 옷차림에 검은 소를 타고 다녔음.	➡	맹사성은 비가 새는 집에서 살았지만, 더 가난한 백성을 생각하였음.

---

1 글에 에디슨이 태어난 나라에 대해서는 나와 있지 않습니다.

2 축음기, 탄소 송화기, 영사기 등 에디슨의 발명품은 천 개가 넘는다고 하였습니다.

> **오답을 조심해**
> ⑴ 에디슨은 천재는 타고나는 것이 아니라 99퍼센트의 노력으로 이루어진다고 하였습니다.
> ⑶ 에디슨은 여덟 살 때 잠깐 학교를 다녔습니다.
> ⑷ 에디슨의 발명품은 수많은 실패 끝에 만들어졌습니다.

3 에디슨은 발명품을 만들기 위해 끊임없이 노력하고 수많은 실패를 해도 포기하지 않았습니다.

> **독해 비법** 인물의 행동을 통해 인물의 성격을 파악해요!
>
> • 에디슨이 집에서 책을 읽으며 지식을 쌓고, 창고에 실험실을 만들어서 매일 실험한 행동
> → 의지가 강한 성격
> • 에디슨이 몇 만 번이나 실패를 했지만 포기하지 않고 발명품을 만든 행동 → 실패를 두려워하지 않는 성격
>
>

4 에디슨은 실 패 를 두려워하지 않고 끊임없이 노력하여 천 개가 넘는 발 명 품 을 만들었습니다.

5 '맹고불'은 맹사성(조선 초기 문화를 발전시킨 인물)의 호입니다.

6 병조 판서는 높은 벼슬에 있던 맹사성이 비가 새는 집에서 사는 것이 안타까워 말을 잇지 못하였습니다.

7 맹사성은 백성들에게 부담을 주지 않기 위해 관아에도 들르지 않았고, 높은 벼슬에 있으면서도 비가 새는 집에서 살았습니다.

8 맹사성은 높은 벼 슬 에 있으면서도 허름한 옷차림에 검은 소 를 타고 다녔으며, 비 가 새는 집에서 검소하게 살았습니다.

5일 문학

본문 98~101쪽

98쪽 / ❶ 손등　　❷ 덥석
100쪽 / ❶ 낟알　　❷ 공손하다

1 ⑤
2 ②
3 ⑤
4 삼 년 / 삼돌이
5 (1) ㉯ (2) ㉮
6 ③
7 ④
8 산비둘기 / 까치 / 들쥐

지문이 궁금해

"삼 년 고개"

• 글의 종류 전래 동화
• 글의 특징 삼 년 고개를 두려워한 할아버지를 위해 삼돌이가 지혜를 발휘한 옛이야기입니다.
• 글의 흐름

수박 밭 할아버지가 삼 년 고개에서 넘어진 후 슬퍼함.	➡	삼돌이가 꾀를 내어 수박 밭 할아버지에게 오래 살 방법을 알려 줌.

"들쥐를 찾아간 새"

• 글의 종류 전래 동화
• 글의 특징 산비둘기와 까치의 태도를 통해 말할 때 지켜야 할 예절을 일깨워 주는 옛이야기입니다.
• 글의 흐름

산비둘기가 빈정대며 말하자 들쥐는 산비둘기의 머리를 때림.	➡	까치가 공손한 태도로 말하자 들쥐가 까치에게 밥을 줌.

1 삼 년 고개는 그 고개에서 넘어지면 삼 년밖에 살 수 없다고 하여 사람들은 삼 년 고개를 두려워했습니다.

2 처음에 수박 밭 할아버지는 슬픔에 젖어 있었지만 삼 년 고개에서 넘어질수록 오래 살 수 있다는 삼돌이의 말을 듣고 표정이 밝아졌습니다.

3 마을 사람들은 삼 년 고개에서 넘어지면 삼 년밖에 못 산다고 생각했지만 삼돌이는 한 번 넘어지면 삼 년, 두 번 넘어지면 육 년이라고 생각했습니다.

4 삼 년 고개에서 넘어진 뒤 ⟨삼⟩ ⟨년⟩밖에 살 수 없다고 슬퍼하던 수박 밭 할아버지는 ⟨삼⟩ ⟨돌⟩ ⟨이⟩ 의 지혜 덕분에 걱정이 없어졌습니다.

5 산비둘기는 "들쥐야! 내가 배가 많이 고프구나. 네가 훔친 곡식 좀 내놔 봐."라고 말했습니다.

6 들쥐는 까치가 공손한 태도와 말씨로 말해서 자신을 존중해 주는 느낌이 들었을 것입니다.

7 자기가 남에게 말이나 행동을 좋게 하여야 남도 자기에게 좋게 한다는 뜻의 속담이 어울립니다.

오답을 조심해

① 어려운 일이나 고된 일을 겪은 뒤에는 반드시 즐겁고 좋은 일이 생긴다는 말입니다.
② 믿고 있던 사람이 돌아서서 해를 입는다는 말입니다.
③ 작은 나쁜 짓도 자꾸 하게 되면 큰 죄를 저지르게 된다는 말입니다.
⑤ 자기의 능력 밖의 일에 대해서는 처음부터 욕심을 내지 않는 것이 좋다는 말입니다.

8 ⟨산⟩ ⟨비⟩ ⟨둘⟩ ⟨기⟩와 달리 ⟨까⟩ ⟨치⟩는 공손한 태도와 말씨로 말해서 ⟨들⟩ ⟨쥐⟩에게 밥을 얻어먹었습니다.

독해 속 어휘 마무리!

본문 102~103쪽

1 (1) ① ○ (2) ① ○ (3) ② ○
2 (1) 공손한 (2) 자연 (3) 나뭇잎
3 (1) 벌리고 (2) 버리지 (3) 벌이기로
4 (1) 열대야 (2) 번개 (3) 폭설
5 (1) 실패 (2) 밝다 (3) 내놓았다

5주

1일 사회

본문 **106~109**쪽

어휘 퀴즈

106쪽 / **1** 끈기 **2** 단결력

108쪽 / **1** 예방 **2** 양념

---

1 (1) 태극기 (2) 무궁화 (3) 애국가

2 ①, ③, ⑤

3 ⑤

4 태극기 / 무궁화 / 애국가

5 ① , ②

6 ②

7 (1) 🏠 (2) 🏠 (3) 🏠 (4) 🏠

8 김치 / 비만 / 종류

지문이 궁금해

"우리나라를 대표하는 것"

- **글의 종류** 설명하는 글
- **글의 특징** 우리나라를 대표하는 국기, 꽃, 노래가 무엇인지 자세히 쓴 글입니다.

- **글의 흐름**

| 우리나라를 대표하는 국기는 태극기임. | → | 우리나라를 대표하는 꽃은 무궁화임. | → | 우리나라를 대표하는 노래는 애국가임. |

"김치"

- **글의 종류** 광고
- **글의 특징** 김치를 먹으면 좋은 점을 알려 주며 김치를 광고하는 글입니다.
- **글의 흐름**

| 김치는 장을 깨끗하게 해 줌. | → | 김치는 암이나 비만을 예방할 수 있음. | → | 김치는 주재료에 따라 종류가 다양함. |

---

1 각 문단의 중심 문장에 우리나라의 국기, 꽃, 노래가 나타나 있습니다.

2 글을 자세히 읽어 보면 알 수 있습니다.

오답을 조심해

② 무궁화는 공해가 심한 곳에서도 잘 자랍니다.
④ 사괘는 각각 하늘, 땅, 물, 불을 나타냅니다.

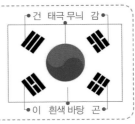
건 태극 무늬 감
이 흰색 바탕 곤

3 애국가를 부를 때에는 노랫말을 정확하게 알고, 장난을 치거나 두리번거리지 말고 불러야 합니다.

4 우리나라의 국기는 [태][극][기], 우리나라의 꽃은 [무][궁][화], 우리나라의 노래는 [애][국][가] 입니다.

5 김치에 대한 광고문입니다.

독해 비법 무엇을 알리고 싶어 하는지 찾아요!

김치를 먹으면 어떤 점이 좋은지 궁금하다고요?
지금 바로 그 궁금증을 해결해 드립니다.
광고문의 목적 ①: 김치의 좋은 점을 알리려고 함.

건강에도 만점, 맛도 만점인 김치, 많이 많이 드세요!
광고문의 목적 ②: 김치를 많이 먹자고 설득함.

6 '주재료'란 '무엇을 만드는 데에 쓰는 주된 재료'라는 뜻의 말입니다. 김치를 만드는 주재료에 따라 김치의 이름이 달라지는 것으로 보아, ㉠에는 '주재료'가 들어가야 합니다.

▲ 배추김치

▲ 총각김치

▲ 파김치

7 잘 익은 김치에 유산균이 많이 들어 있습니다.

8 [김][치] 는 장을 깨끗하게 해 주고, 암이나 [비][만] 을 예방하게 하고, [종][류] 가 다양합니다.

2일 과학

본문 110~113쪽

 어휘 퀴즈

110쪽 / **1** 철새   **2** 저장

112쪽 / **1** 갯벌   **2** 맷돌

1 (1) ⓷ (2) ⓸ (3) ㉮

2 먹이, 날씨

3 ④

4 철새 / 겨울 / 텃새

5 (1) 먹이 (2) 모래주머니

6 ④

7 (2) ◯ (4) ◯

8 부리 / 이빨 / 소화

지문이 궁금해

"한국의 철새와 텃새"

- 글의 종류 설명하는 글
- 글의 특징 철새와 텃새의 뜻을 설명하고, 철새와 텃새에 해당하는 새들이 무엇인지 예를 들어 쓴 글입니다.
- 글의 흐름

| 철새는 철(계절)을 따라 이동하는 새임. | → | 텃새는 한 지역에서 사는 새임. |

"새가 가진 특별한 것"

- 글의 종류 백과사전
- 글의 특징 소영이가 읽은 새의 부리와 모래주머니에 대한 백과사전 내용입니다.
- 글의 흐름

| 새는 먹이에 따라 부리의 모양이 다름. | → | 새는 모래주머니로 먹이를 소화시킴. |

---

1 새는 철새와 텃새로 나뉘고, 철새는 다시 여름 철새와 겨울 철새로 나뉩니다.

2 철새가 한곳에 머물지 않고 이동하는 것은 먹이와 날씨 때문이라고 하였습니다.

3 백로와 물총새, 노랑할미새는 여름 철새이므로 겨울 철에 볼 수 없습니다.

독해 비법 글에서 예를 든 내용을 나누어 정리해 보아요!

철새	텃새
• 한곳에 머물지 않고 이동함. • 예 여름 철새: 제비, 백로, 물총새 등 / 겨울 철새: 청둥오리, 고니, 따오기 등	• 계절에 따라 이동하지 않고 한 지역에서 삶. • 예 원앙, 흰뺨검둥오리, 꿩, 참새, 딱새, 까치 등

4 철새 는 계절에 따라 이동하는 새로 여름 철새와 겨울 철새로 나뉘고, 텃새 는 이동하지 않고 한 지역에서 사는 새입니다.

5 글 **1**과 **2**에서 설명하는 중요한 내용을 찾습니다.

6 사진 속 새의 부리가 갈고리처럼 생긴 것으로 보아, 독수리의 부리입니다.

7 참새는 풀씨나 곡식, 곤충을 먹고 살고, 새는 먹이와 함께 굵은 모래나 작은 돌을 삼킨다고 하였습니다.

오답을 조심해

⑴ 백로의 부리는 가늘고 길어서 물속에서 물고기를 잡기에 알맞습니다.

⑶ 새는 모래주머니가 있어서 이빨이 없어도 먹이를 소화시킬 수 있습니다.

8 새는 먹이에 따라 부리 의 모양이 다르며, 몸속에 모래주머니가 있어 이빨 이 없어도 먹은 것을 소화 시킬 수 있습니다.

어휘 퀴즈

114쪽 / ❶ 꿰매다 ❷ 다짜고짜

116쪽 / ❶ 차분하다 ❷ 꺾다

---

1 ④

2 (3), (4), (5)에 밑줄

3 ②

4 피터 / 그림자 / 네버랜드

5 (1) 나뭇가지 한 개 (2) 나뭇단

6 ③

7 ②

8 농부 / 나뭇단 / 한

지문이 궁금해

"피터 팬"

• 글의 종류 세계 명작 동화

• 글의 특징 피터 팬이 웬디를 만나 네버랜드로 가자고 말하는 부분으로, 「피터 팬」 전체 이야기의 앞부분에 해당합니다.

• 글의 흐름

| 웬디가 피터의 그림자를 꿰매 줌. | → | 피터가 웬디에게 네버랜드로 가자고 함. |

"지혜로운 농부의 교훈"

• 글의 종류 세계 명작 동화

• 글의 특징 이솝 우화 중 하나로, 농부의 말을 통해 세 아들에게 바라는 점이 무엇인지 알 수 있는 이야기입니다.

• 글의 흐름

| 농부가 세 아들에게 나뭇단을 꺾어 보라 하였고, 잘 꺾이지 않았음. | → | 농부가 나뭇가지를 한 개씩 꺾어 보라고 하자 힘없이 부러졌고, 세 아들은 깨달음을 얻음. |

---

1 피터는 아무리 애를 써도 그림자가 몸에 붙지 않자 그만 울음을 터뜨렸습니다.

2 웬디와 피터가 한 말과 행동을 살펴보면 알 수 있습니다.

오답을 조심해

(1) 웬디가 피터에게 "넌 누구니?"라고 물은 것으로 보아, 피터와 웬디는 처음 보는 사이입니다.

(2) 피터가 웬디의 엄마가 들려주는 이야기를 듣고 싶어 합니다.

3 ㉠ 뒤에서 피터가 "내가 날아가는 방법을 가르쳐 줄게."라고 말한 것으로 보아, ㉠에는 "난 날지도 못하는걸."이 알맞습니다.

4 | 피 | 터 | 는 웬디의 도움으로 | 그 | 림 | 자 | 를 몸에 붙이고 난 뒤, 웬디에게 | 네 | 버 | 랜 | 드 | 로 함께 가자고 하였습니다.

5 농부는 삼 형제가 나뭇단처럼 뭉친다면 어떤 어려움도 이겨 낼 수 있다고 말했습니다.

6 농부는 쉽게 부러지지 않는 나뭇단처럼 세 아들이 힘을 합쳐야 한다는 것을 말하고 있습니다.

7 싸움만 계속 하던 농부의 세 아들은 아버지의 말을 듣고서야 깨달았습니다.

독해 비법 이어질 내용을 상상해 보아요!

"잘 보았지? 사람도 마찬가지란다. 만일 너희 삼 형제가 묶어 놓은 나뭇단처럼 똘똘 뭉친다면 어떤 어려움도 이겨 낼 수 있다. 그러나 마음을 하나로 모으지 못하면 하나의 나뭇가지처럼 쉽게 꺾이고 말 것이다."

→ 나뭇가지 한 개는 세 아들이 싸우는 모습을, 나뭇단은 세 아들이 힘을 합친 모습을 뜻합니다. 세 아들은 아버지의 말에 따라 사이좋게 지낼 것이라 상상할 수 있습니다.

8 | 농 | 부 | 는 세 아들에게 | 나 | 뭇 | 단 | 과 나뭇가지 | 한 | 개를 꺾어 보게 하여 서로 돕고 살아야 한다는 것을 깨닫게 하였습니다.

4일 스포츠

본문 118~121쪽

 어휘 퀴즈

118쪽 / ① 승패   ② 복식
120쪽 / ① 관심   ② 폭발적

---

1 ④
2 ①, ②, ⑤
3 (4) ○
4 공 / 축구 / 배구
5 산소
6 ②, ④
7 ②
8 종류 / 좋은 점 / 운동

지문이 궁금해

"공을 사용하는 운동"

• 글의 종류 설명하는 글
• 글의 특징 축구, 농구, 배구, 탁구를 하는 방법을 비교하여 설명하여 쓴 글입니다.
• 글의 흐름

공을 사용하는 운동에는 축구, 농구, 배구, 탁구가 있음.	➡	이 네 가지 운동은 경기 방법이 모두 다름.

"알맞은 운동을 하자"

• 글의 종류 생각을 전하는 글
• 글의 특징 자신에게 알맞은 운동을 선택하여 해야 한다는 생각과 유산소 운동과 무산소 운동의 차이점을 함께 쓴 글입니다.
• 글의 흐름

유산소 운동과 무산소 운동은 그 효과가 다름.	➡	자신에게 알맞은 운동을 선택하여 하고, 규칙적으로 해야 함.

---

1 공을 사용하는 운동의 종류에 대해 자세히 설명하는 글입니다.

2 축구는 한 팀당 11명의 선수가 뛰고, 탁구는 단식 경기와 복식 경기가 있다고 하였습니다.

> **오답을 조심해**
>
> ③ 농구는 던지는 거리에 따라 1~3점을 얻을 수 있습니다.
> ④ 배구는 네모난 모양의 경기장 가운데에 네트를 두고 하는 경기입니다.

3 축구는 발을, 농구와 배구는 손을 이용하여 경기를 합니다. 탁구는 공을 칠 수 있는 라켓이 필요합니다.

▲ 탁구
▲ 라켓

4 공 을 사용하는 운동에는 축 구 , 농구, 배 구 , 탁구가 있는데 경기 방법이 모두 다릅니다.

5 산소를 사용하는지 안 하는지에 따라 유산소 운동과 무산소 운동으로 나눌 수 있습니다.

6 근육을 만드는 데 효과적이고, 짧은 시간에 폭발적인 힘을 내야 하는 운동은 무산소 운동입니다.

독해 비법 예로 든 대상의 다른 점을 찾아요!

유산소 운동	무산소 운동
• 몸무게를 줄이는 데 좋음. • 피의 순환이 잘되어 심장과 폐가 튼튼해짐.	• 산소가 없는 상태에서 에너지를 만듦. • 근육량이 늘어나 멋진 근육을 만들 수 있음.

7 자신에게 알맞은 운동을 하고, 준비 운동과 정리 운동을 하자고 말하였습니다.

8 운동의 종 류 와 좋 은 점 을 바르게 알고 운 동 을 해야 합니다.

5일 문학

본문 122~125쪽

 어휘 퀴즈

122쪽 / ① 순식간   ② 살금살금

124쪽 / ① 한반도   ② 다스리다

1 ①
2 ④
3 ㉰
4 페르세우스 / 메두사
5 ④
6 ㉮
7 ③
8 평양성 / 단군 조선

지문이 궁금해

"메두사의 섬"

• 글의 종류 신화

• 글의 특징 그리스 신화로, 제우스의 아들인 페르세우스가 용감하게 괴물을 물리친 이야기입니다.

• 글의 흐름

| 페르세우스가 메두사가 사는 섬을 찾아감. | ➡ | 페르세우스가 메두사의 머리를 베었음. |

"단군 이야기"

• 글의 종류 신화

• 글의 특징 우리나라의 건국 신화 중 하나로, 단군 조선을 세운 단군의 활약을 쓴 이야기입니다.

• 글의 흐름

| 단군왕검이 평양성에 서울을 정함. | ➡ | 단군왕검이 단군 조선을 세워 나라를 다스림. |

---

1 아테나는 페르세우스에게 메두사의 얼굴을 보면 보는 순간 돌로 변한다고 하였습니다.

2 페르세우스가 방패에 비친 메두사의 모습을 보며 살금살금 다가간 것으로 보아, 방패에 메두사의 모습이 잘 비치게 하려고 방패를 반들반들하게 닦게 했음을 알 수 있습니다.

3 이 이야기는 메두사를 발견한 페르세우스가 메두사의 목을 벤 내용으로, '㉰ → ㉯ → ㉮'의 순서로 일이 일어났습니다.

4 페 르 세 우 스 가 무시무시한 괴물 메 두 사 를 물리쳤습니다.

5 단군왕검은 하늘에 제사를 지내는 왕이라는 뜻입니다.

6 단군 조선은 단군왕검이 세운 나라입니다.

오답을 조심해

㉯ 단군왕검이 천오백 년 동안이나 다스렸습니다.
㉰ 단군왕검은 태백산을 내려와 평양성에 서울을 정하고 단군 조선을 세웠습니다.
㉱ 단군 조선은 한반도에 세워진 우리의 첫 번째 나라입니다.

7 단군왕검은 나라를 지혜롭게 다스려 사람들이 모두 착하게 살았습니다.

8 단군왕검은 평 양 성 에 서울을 정하고, 한반도에 우리의 첫 번째 나라인 단 군 조 선 을 세워 지혜롭게 다스렸습니다.

독해 속 어휘 마무리!

본문 126~127쪽

1 (1) 땅 (2) 장 (3) 산소

2 (1) 영원히 (2) 노랫말 (3) 웬일 (4) 붙어
  (5) 짓고 (6) 닫힌

3 (1) 여가 (2) 순환 (3) 공해

4 (1) 어두운 (2) 부족하다 (3) 다르다

1^일 사회

본문 130~133쪽

어휘 퀴즈

130쪽 / ❶ 쌓다 ❷ 해충

132쪽 / ❶ 다채롭다 ❷ 육수

1 ③

2 (1) ㉮ (2) ㉱ (3) ㉯

3 ①

4 게르 / 집

5 ③

6 ②, ④

7 ④

8 똠얌꿍 / 타이 / 짠맛

지문이 궁금해

"세계 여러 나라의 집"

• 글의 종류 설명하는 글

• 글의 특징 자연환경에 따라 다양한 세계의 집을 소개하는 글입니다.

• 글의 흐름

| 세계에는 날씨나 땅의 생김새 등 자연환경에 따라 다양한 집이 있음. | ➡ | 통나무집, 이글루, 마른풀 지붕 집, 물 위 집, 게르 등이 있음. |

"여러 가지 맛, 똠얌꿍"

• 글의 종류 설명하는 글

• 글의 특징 타이의 음식인 똠얌꿍을 만드는 방법, 뜻, 맛 등에 대해 쓴 글입니다.

• 글의 흐름

| 타이의 음식은 다채롭고 화려함. | ➡ | 똠얌꿍은 타이의 대표적인 음식임. | ➡ | 똠얌꿍은 다양한 맛을 동시에 느끼게 함. |

---

1 세계의 다양한 모양의 집에 대해 쓴 글입니다.

독해 비법 뒷받침 내용을 포함하는 중심 내용을 찾아요!

세계에는 날씨나 땅의 생김새 등에 따라 다양한 집이 있습니다.
　　　　　　　　중심 내용

| 러시아에는 '통나무집'이 있습니다. → 다양한 집의 예 ① | 북극 지방에는 얼음집인 '이글루'가 있습니다. → 예 ② | 아프리카에는 '마른풀 지붕 집'이 있습니다. → 예 ③ |

| 베트남, 말레이시아 등에는 '물 위 집'이 있습니다. → 예 ④ | 몽골에는 천막집인 '게르'가 있습니다. → 예 ⑤ |

---

2 몽골, 아프리카, 북극 지방의 집을 찾습니다.

3 이 글을 통해 그 지역의 날씨나 땅의 생김새 등에 따라 집의 모양이 다르다는 것을 알 수 있습니다.

4 러시아는 통나무집, 북극 지방은 이글루, 아프리카는 마른풀 지붕 집, 베트남 등은 물 위 집, 몽골은 게 르 처럼 세계에는 다양한 집 이 있습니다.

5 이 글에 향신료를 만드는 방법은 나와 있지 않습니다.

오답을 조심해

① 타이는 매우 더운 나라라고 하였습니다.
② 똠얌꿍은 육수에 새우와 채소 그리고 여러 가지 향신료와 허브를 넣어 5~6시간 동안 푹 끓인 수프라고 하였습니다.
④ 더운 날씨 덕분에 일 년 내내 각종 곡식과 과일, 채소가 잘 자라고, 해산물도 많다고 하였습니다.
⑤ 다양한 재료에 향신료와 허브를 사용하기 때문에 타이의 음식은 다채롭고 화려하다고 하였습니다.

6 향신료와 허브는 음식의 맛을 좋게 하고 음식이 상하는 것을 막아 줍니다.

7 글에서 똠얌꿍의 쓴맛에 대한 설명은 찾을 수 없습니다.

8 똠얌꿍 은 타이 의 대표적인 음식으로, 매운맛, 신맛, 단맛, 짠맛 을 동시에 느낄 수 있습니다.

2_일 과학

본문 **134~137**쪽

어휘 퀴즈

134쪽 / ❶ 나다　　❷ 낳다

136쪽 / ❶ 이듬해　　❷ 돋다

1　⑤

2　다람쥐, 뱀, 고슴도치

3　(1) ○　(2) ○　(3) ✕　(4) ✕

4　겨울잠 / 여우

5　겨울눈

6　②

7　①, ③, ④

8　겨울눈 / 달리는 곳

지문이 궁금해

"동물들이 겨울을 나는 방법"

• **글의 종류**　설명하는 글

• **글의 특징**　춥고 먹이도 별로 없는 겨울에 동물들이 어떻게 지내는지 자세히 쓴 글입니다.

• **글의 흐름**

곰, 다람쥐, 뱀, 고슴도치는 겨울잠을 자는 동물임.	→	청설모, 여우, 토끼는 겨울잠을 자지 않는 동물임.

"겨울눈"

• **글의 종류**　설명하는 글

• **글의 특징**　식물이 겨울눈으로 겨울을 나는 과정을 여러 식물의 예를 들어 쓴 글입니다.

• **글의 흐름**

겨울눈은 추위를 견디기 위해 나무가 만든 것임.	→	겨울눈은 보호하는 방법, 달리는 곳 등이 식물마다 다름.

---

1 동물들의 겨울나기를 도와줄 수 있는 방법은 이 글에 나오지 않습니다.

2 겨울잠을 자는 동물의 예로 곰, 다람쥐, 뱀, 고슴도치를 들었습니다.

3 동물에 따라 겨울나기 방법이 다릅니다.

오답을 조심해

(3) 청설모는 겨울잠을 자지 않고 모아 놓은 먹이를 조금씩 꺼내 먹으며 겨울을 지냅니다.

(4) 곰은 겨울잠을 자다가 일어나 먹이를 먹거나 똥을 누기도 합니다.

4 곰, 다람쥐, 뱀, 고슴도치는 겨 울 잠 을 자서 겨울을 나고, 청설모, 여 우, 토끼는 겨울잠을 자지 않고 겨울을 납니다.

5 식물이 겨울을 지내기 위해 만드는 겨울눈에 대하여 설명하는 글입니다.

독해 비법　핵심 낱말을 찾아요!

• 글에 가장 많이 나온 낱말을 찾습니다.

• 글의 제목을 살펴봅니다.

• 글의 내용을 모두 포함할 수 있는 낱말을 찾습니다.

• 글에 뜻풀이가 직접적으로 나와 있는 낱말을 찾습니다.

→ 겨울눈

6 겨울눈 속에는 '꽃눈'과 '잎눈'이 들어 있는데, 꽃눈은 이듬해 꽃이 되고, 잎눈은 잎이 된다고 하였습니다.

7 백합, 파, 마늘처럼 땅속에 겨울눈이 있는 식물도 있고, 잔디처럼 땅 위에 겨울눈이 있는 식물도 있습니다.

8 추위를 견디기 위해 만드는 겨 울 눈 은 식물에 따라 보호하는 방법, 달 리 는 곳 등이 다릅니다.

3일 문학

본문 138~141쪽

 어휘 퀴즈

138쪽 / ❶ 금세　　❷ 노릇노릇

140쪽 / ❶ 빨개지다　　❷ 웅성거리다

---

1 ④

2 ②

3 ㉮ → ㉯ → ㉱ → ㉰

4 배 / 숯 / 소금

5 (1) 다음날　(2) 황새네 집 앞

6 (1) ×　(2) ○　(3) ○　(4) ×　(5) ○

7 ⑤

8 황새 / 노래 / 목

지문이 궁금해

"숯장수와 소금 장수"

• 글의 종류　전래 동화

• 글의 특징　호랑이의 배 속에서 만난 숯장수와 소금 장수가 숯불을 피워 호랑이가 펄쩍펄쩍 뛰었다는 내용의 재미있는 옛이야기입니다.

• 글의 흐름

호랑이에게 잡아먹힌 숯장수와 소금 장수가 만남.	→	두 사람은 호랑이 배 속에서 숯불을 피워 호랑이 고기를 먹음.

"황새의 목은 왜 길어졌을까?"

• 글의 종류　전래 동화

• 글의 특징　황새의 목이 길어진 까닭이 담긴 재미있는 옛이야기입니다.

• 글의 흐름

까마귀의 선물을 받은 황새가 까마귀에게 일 등 상을 줌.	→	다른 새들이 황새의 목을 잡아당겨 황새 목이 기다랗게 됨.

---

1 숯장수는 자신이 무서운 호랑이 배 속에 있다는 것을 깨닫고 겁이 났을 것입니다.

2 숯장수와 소금 장수가 다투는 내용은 이 이야기에 나오지 않습니다.

3 호랑이는 숯장수와 소금 장수를 차례대로 삼켰습니다. 숯장수와 소금 장수는 배가 고파 호랑이의 고기를 잘라 구워 먹었고, 호랑이는 살점이 뜯기자 배가 아파 떼굴떼굴 굴렀습니다.

4 호랑이의 배 속에서 만난 숯 장수와 소 금 장수가 호랑이의 고기를 잘라 구워 먹자, 호랑이는 배가 아파 뛰어다녔습니다.

5 이야기 앞부분에서 새들이 황새네 집 앞으로 모여 노래를 했다고 하였습니다.

 독해 비법　이야기의 배경을 알아보아요!

언제 일어난 일인가요?	다음날	→ 시간적 배경이라고 합니다.
어디에서 일어난 일인가요?	황새네 집 앞	→ 공간적 배경이라고 합니다.

6 새들은 황새가 공평하게 심사를 하지 않아 화가 나서 황새의 목을 잡아당긴 것입니다.

오답을 조심해

(1) 새들은 "까악까악, 깍깍, 까까깍……"만 하는 까마귀의 노래를 듣고 모두 눈살을 찌푸렸습니다.

(4) 까마귀는 황새에게 미꾸라지를 가져다주고 점수를 잘 달라고 부탁하여 일 등을 하였습니다.

7 나쁜 방법으로 노래 대회에서 이기려다 도망가는 까마귀와 불공평한 심사로 목이 길어진 황새를 통해 정정당당함의 중요성을 전하고 있습니다.

8 황 새 가 새들의 노 래 대회에서 공평하지 않게 심사를 하자 화가 난 새들이 황새의 목 을 잡아당겨 황새의 목이 길어졌습니다.

4일 인물

본문 142~145쪽

 어휘 퀴즈

142쪽 / ❶ 쏟다　　❷ 목장
144쪽 / ❶ 끼니　　❷ 인기

1 ⑤

2 ①, ③

3 ④

4 파브르 / 곤충

5 ①

6 (2) ◯

7 아카데미상

8 미키 마우스

지문이 궁금해

"곤충 학자, 파브르"

- 글의 종류　전기문
- 글의 특징　곤충을 사랑한 곤충 학자 파브르의 일화를 쓴 글입니다.
- 글의 흐름

| 파브르는 동물과 곤충에 관심이 많았음. | ➡ | 파브르는 평생 곤충의 삶을 연구하였음. |

"미키 마우스를 탄생시킨 월트 디즈니"

- 글의 종류　전기문
- 글의 특징　만화가의 꿈을 키우다가 생쥐를 보고 미키 마우스 시리즈를 탄생시킨 월트 디즈니에 대한 이야기입니다.
- 글의 흐름

| 월트 디즈니는 어린 시절 어려운 환경에서도 만화가의 꿈을 키움. | ➡ | 월트 디즈니는 수많은 만화 영화를 만들어 어린이들에게 꿈과 희망을 줌. |

---

1 어린 시절 파브르는 처음 보는 동물이나 곤충에 관심을 가지고 놀았다고 하였습니다.

2 쇠똥구리가 말똥을 굴리는 이유가 궁금해서 날마다 쇠똥구리를 지켜본 행동을 통해 파브르의 끈질기고, 호기심 많은 성격을 알 수 있습니다.

오답을 조심해

② 파브르가 겁이 많은 성격이면 새로운 것에 호기심을 가지지 않았을 것입니다.
④ 파브르는 어린 시절부터 어른이 되어서도 곤충의 삶을 연구하는데 몰두했을 뿐, 외로움을 잘 타는 성격이라 보기 어렵습니다.
⑤ 파브르는 쇠똥구리를 날마다 관찰하였고, 결국 쇠똥구리가 똥으로 구슬을 만들어서 그 속에 알을 넣어 둔 것을 알아냈으므로 포기하지 않는 성격입니다.

3 파브르가 발견한 똥으로 만든 구슬 속에는 하얀 알이 들어 있었습니다.

4 동물과 곤충에 관심이 많았던 파 브 르 는 평생 동안 곤 충 의 삶을 연구하였고, 『파브르 곤충기』를 썼습니다.

5 영화사에서 일한 것은 어른이 되어서 한 일입니다.

6 생쥐도 배가 고프다고 생각하며 자신이 가진 빵을 조금 떼어 주는 행동을 통해 성격을 알 수 있습니다.

독해 비법　인물이 한 일에 대한 자신의 생각을 정리해요!

- 월트 자신도 회사에서 돈을 받지 못해 어려운 상황이었는데 생쥐 한 마리에게 자신의 빵을 나눈 행동
　　→ 예 월트는 동정심이 많고 동물을 사랑하는구나.
- 월트가 생쥐를 보고 영감을 얻어 '미키 마우스'라는 주인공을 탄생시킨 일
　　→ 예 월트는 하고 싶은 일에 도전하여 이루어 내는구나.

---

7 월트의 미키 마우스 시리즈는 최초로 아카데미상을 받은 만화 영화입니다.

8 만화가의 꿈을 키운 월트 디즈니는 빵을 먹다가 만난 생쥐를 보고 '미 키 마 우 스'라는 만화 주인공을 탄생시켰습니다.

5일 문학

어휘 퀴즈

146쪽 / ❶ 그루터기   ❷ 새삼
148쪽 / ❶ 평생   ❷ 포기

1 ③
2 ②
3 ①, ③
4 소년 / 나무 / 사랑
5 ⑤
6 ②, ⑤
7 (1)에 색칠
8 헬렌 켈러

지문이 궁금해

"『아낌없이 주는 나무』를 읽고"

• 글의 종류 독서 감상문
• 글의 특징 동화 『아낌없이 주는 나무』를 읽고, 자신의 생각이나 느낌을 정리하여 쓴 글입니다.
• 글의 흐름

『아낌없이 주는 나무』를 읽게 된 까닭과 책의 내용을 씀.	➡	『아낌없이 주는 나무』의 내용과 관련된 경험, 생각이나 느낌을 씀.

"『헬렌 켈러』를 읽고"

• 글의 종류 독서 감상문
• 글의 특징 위인전 『헬렌 켈러』를 읽고, 자신의 생각이나 느낌을 함께 정리하여 쓴 글입니다.
• 글의 흐름

『헬렌 켈러』를 읽게 된 까닭과 책의 내용을 씀.	➡	『헬렌 켈러』의 내용과 관련된 경험, 자신의 생각이나 느낌을 씀.

독해 속 어휘 마무리!

1 (1) ① ◯ (2) ① ◯ (3) ① ◯
2 (1) 숨기어 남 (2) 추위 (3) 모양
3 (1) 낮고 (2) 낫는 (3) 낳았다
4 (1) 슬슬 (2) 끌끌 (3) 펄쩍펄쩍
5 (1) 떼 (2) 맞았다 (3) 숯장수

---

1 앞으로 어떻게 하겠다는 다짐은 나오지 않습니다.

2 나무는 소년을 위해 아무런 대가도 바라지 않고 자신의 모든 것을 주었으므로, '희생'과 관련 있습니다.

3 독서 감상문을 쓴 글쓴이가 『아낌없이 주는 나무』를 읽고 느낀 점을 찾아야 합니다.

오답을 조심해

② 글쓴이가 자신의 경험을 쓴 것입니다.
④ 책의 내용을 쓴 것입니다.
⑤ 글의 내용을 잘못 파악한 것입니다.

4 『아낌없이 주는 나무』는 소년 을 위해 모든 것을 아낌없이 내어 준 나무 의 이야기로, 부모님의 사랑 을 떠올리게 합니다.

5 글쓴이는 텔레비전에서 헬렌 켈러의 일생에 대한 내용을 보고 헬렌 켈러에 대해 더 자세히 알고 싶어서 『헬렌 켈러』 책을 빌려 보았습니다.

6 글의 끝부분에 앞으로의 다짐이 나타나 있습니다.

7 헬렌 켈러가 열병을 앓았다는 내용과 그에 대한 느낌, 헬렌 켈러가 설리번 선생님을 만났다는 내용과 그에 대한 느낌을 썼습니다.

헬렌 켈러(1880~1968년): 미국의 작가이자 사회 복지 사업가로, 세계 최초로 대학 교육을 받은 시각·청각 장애인. 장애인을 위한 교육과 복지 시설을 위해 노력했고, 소외된 사람을 위해 사회 운동을 펼침.

8 『헬렌 켈러』는 장애를 이겨 낸 헬렌 켈러 의 이야기로, 포기하지 않고 끝까지 노력하는 자세를 배울 수 있습니다.

초능력 국어 독해 **1**단계 학년

정답및
풀이

초능력 국어 독해